DESCUBRE LOS SECRETOS DE

SAP VENTAS & DISTRIBUCIÓN

Primera Edición

Descubre los secretos de
SAP VENTAS & DISTRIBUCIÓN

Primera Edición

Publicado por

Descubre los secretos de SAP ventas y distribución.
Por Luz Andrea Diaz

Publicado por by Azul Publishing LLC, 110 E Houston Street, 7th Floor, San Antonio, TX. 78205

Historia de Impresión:

Primera Edición Español: Octubre / 2019

NOTA: Azul Press, Azul Publishing o el autor no están asociados con SAP AG o sus subsidiarias en los Estados Unidos o en todo el mundo.

Advertencia y descargo de responsabilidad

Este libro está diseñado para proporcionar información sobre la configuración del sistema SAP ERP.

Se ha hecho todo lo posible para que este libro sea lo más completo y preciso posible, pero no se implica garantía

La información se proporciona "tal cual".

Los autores, Azul Publishing o SAP AG no serán responsables de ninguna persona o entidad con respecto a cualquier pérdida o daño que surja de la información contenida en este libro o del uso de los discos o programas que puedan acompañarlo.

Las opiniones expresadas en este libro pertenecen al autor y independientes de las de Azul Publishing LLC o SAP AG.

Marcas Registradas

Todos los términos mencionados en este libro que se sabe que son marcas comerciales o marcas de servicio se han capitalizado adecuadamente. Azul Publishing no puede dar fe de la exactitud de esta información.

El uso de un término en este libro no debe considerarse que afecte la validez de ninguna marca comercial o marca de servicio.

Ventas especiales

Para obtener información sobre la compra de este título en grandes cantidades, o para oportunidades de ventas especiales (que pueden incluir versiones electrónicas, diseños de portadas personalizados y contenido específico para su negocio, objetivos de capacitación, enfoque de marketing o intereses de marca), comuníquese con nuestro departamento de ventas corporativo en Corporativo@AzulPublishing.com .

Para instituciones gubernamentales, por favor contacte gobierno@AzulPublishing.com

Para las instituciones educativas, por favor póngase en contacto con:
educacion@AzulPublishing.com

Información de retroalimentación

En Azul Publishing, nuestro objetivo es crear libros técnicos en profundidad de la más alta calidad y valor.

Cada libro se crea con cuidado y precisión, en un desarrollo riguroso que implica la experiencia única de los miembros de la comunidad técnica profesional.

Los comentarios de los lectores son una continuación natural de este proceso.

Si tiene algún comentario sobre cómo podríamos mejorar la calidad de este libro, o modificarlo para comprender mejor los temas tratados, puede contactarnos por correo electrónico a comentatrios@AzulPublishing.com.

Asegúrese de incluir el título del libro y el ISBN en su mensaje.

Sobre el Autor

La Sra. Luz Andrea Díaz es una consultora certificada de SAP, que se enfoca en hacer que el aprendizaje de SAP sea una experiencia fácil y ágil.

Luz cuenta con más de 22 años de experiencia en la implementación de proyectos SAP en América Latina, América del Norte y Europa en las siguientes industrias: Fabricación repetitiva, Alimentos y bebidas, Fabricación discreta, Procesos de pedido a pedido, y Construcción.

La Sra. Díaz tiene certificaciones en los procesos de SAP Order to Cash, Procure to Pay, Logistics y cuenta con certificaciones en Administración de Proyectos (PMP) y Scrum Master.

Una veterana de SAP, trabaja con los clientes diariamente, diseñando, implementando y dando soporte a las soluciones SAP.

En los últimos años, se ha centrado en el sector gubernamental y ha compartido su experiencia en la academia de capacitación en línea: Consulting Dojo.

Contacta al autor

Si deseas contactar al autor, puedes hacerlo en su pagina web: www.ConsultingDojo.com.

También puedes suscribirte al Dojo Club para recibir consejos y noticias sobre futuros lanzamientos de libros y cursos!
 Inscríbete en: ClubDojo@ConsultingDojo.com

Síguenos en las redes sociales:
Twitter https://twitter.com/Consulting_Dojo

Facebook: https://www.facebook.com/ConsultingDojo/

Indice

AGRADECIMIENTOS

Este libro no hubiera sido posible sin el apoyo de mi familia, mí amado esposo Raúl y mis dos estrellas, Johana y Angela. Todos ustedes son mi motivo para escribir este libro.

También me gustaría agradecer a mi editora, Jessica Howard, por el excelente trabajo que hizo puliendo el contenido y ¡ayudándome a preparar el libro para convertirme en una escritora profesional!

Además, también le doy gracias a mi editorial, Azul Publishing, por darme la oportunidad de compartir mi experiencia con personas que están comenzando su carrera en SAP.

Y ti, mi querido lector, gracias por permitirme ser parte de tu viaje para convertirte en un consultor de SAP.
En este trayecto, encontrarás obstáculos y desvíos.

¡Por favor, piensa en mí como un amiga experimentada que ya ha recorrido el camino anteriormente y quiere ayudarte a que llegues seguro a la tierra prometida de SAP!

RECIBE INFORMACIÓN GRATIS!

Si quieres recibir información gratis, tal como:
- ❖ Tips de funcionalidad
- ❖ Tips para tu proyecto o carrera profesional
- ❖ Nuevos cursos y libros disponibles
- ❖ Respuestas a preguntas de nuestros lectores

Suscribete a la lista de distribución ahora, y forma parte del selecto grupo que recibirá esta información en forma gratuita

Envía un correo a: ClubDojo@ConsultingDojo.com

1.INTRODUCCIÓN

Este libro está escrito pensando en un lector principiante, interesado en una carrera en el mundo de la consultoría de Sistemas, Aplicaciones y Productos (SAP).

También está enfocado a ayudar en una situación en la que SAP se está implementando por primera vez en una empresa, donde los lectores deseen comprender la terminología y todo lo que se discute o propone.

Por último, está destinado a un consultor de SAP con más experiencia que no esté familiarizado con el módulo de Ventas y Distribución (SD).

La idea es que, al final del libro, los lectores puedan implementar la funcionalidad principal del proceso Order-to-Cash (OTC), así como tener ejercicios y ejemplos útiles para el examen de certificación SAP.

Nota: Este libro no promete que en un cierto período de tiempo, los lectores se convertirán en expertos en las transacciones mencionadas y las habilidades de consultoría.

Como en todos los nuevos conocimientos, se recomienda practicar y jugar con el sistema para familiarizarse con él.

Sin embargo, lo que podemos asegurar es que vamos a entrar en suficientes detalles para ser tomado como base y desarrollar los conceptos aprendidos.

.

1.1. ORGANIZACIÓN

Este libro está organizado en el orden en que normalmente realizamos la configuración y usamos los datos maestros en un proyecto de implementación.

Los capítulos 1 y 2 incluyen una introducción a SAP, donde se analizan los acrónimos, abreviaciones y la navegación básica a través del sistema. Si está familiarizado con SAP, o ya ha leído uno de nuestros libros iniciales en las series de SAP MM Essentials, SAP LE Essentials) y ha dominado estos temas, puede continuar con el Capítulo 3.

Los capítulos 3 y 4 detallan los cimientos de construcción para el sistema. El Capítulo 3 discutirá la estructura organizacional (cómo está representada su compañía en el sistema), y el Capítulo 4 discutirá los datos maestros requeridos específicamente para las transacciones SD.

Si no realizaras la configuración de forma periódica, encontrarás muy útiles las secciones "Usos y funcionalidad", que describen el proceso para ingresar transacciones, así como cualquier información relevante y datos requeridos para completarlos.

Además, si tienes curiosidad acerca de cómo se puede modificar el sistema según tus necesidades, puedes consultar las secciones de "Configuración".

Si tu eres un consultor o estás estudiando para convertirte en uno, se espera que sepas cómo usar la funcionalidad y también saber cómo realizar la configuración del sistema para las adaptaciones de tu empresa o proyecto. Para este caso, te recomiendo que lea ambas secciones: "Usos y funcionalidad" y "Configuración".

Los Capítulos 5 a 9 discuten las funciones principales dentro de SD: órdenes de venta, determinación de precios, entregas y documentos de facturación, así como la impresión de los documentos relevantes para esos procesos.

En general, los procesos del Surtimiento de pedido son los siguientes y, a medida que avanzamos, indicaremos en qué punto nos encontramos en el proceso.

Nota: En este libro nos enfocaremos en detalle en los procesos marcados en la línea punteada, ya que este son los procesos centrales de Ventas y distribución.

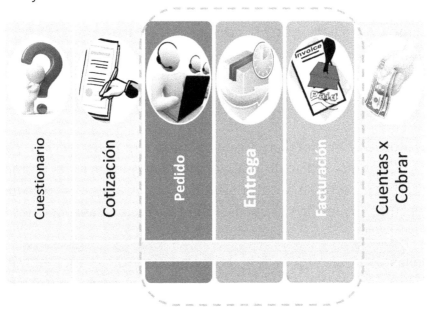

La determinación de precios, discutida en el Capítulo 5, tiene su propio capítulo, dado que es una de las áreas más complicadas en SD. Una vez que haya dominado la lógica y las secuencias para crear su propio precio, otras funciones como determinación de impresión, determinación de texto, determinación de cuentas de conciliación, etc. serán más fáciles de entender, ya que todas siguen la misma lógica.

El Capítulo 10 se centra en cómo resolver problemas frecuentes, como cancelar una orden de mercancías incorrecta, procesar una devolución, cancelar facturas, etc.

El Capítulo 11 muestra los reportes estándar y útiles para las áreas SD.

El Capítulo 12 incluye un resumen de los procesos aprendidos.

El Capítulo 13, el apéndice, incluirá información adicional, como transacciones de uso común en SD e idiomas admitidos por SAP.

Esté atento a nuestro amigo SAPito, quien te presentará sugerencias y trucos útiles.

2. INTRODUCCIÓN A SAP

2.1. ¿QUÉ ES SAP?

SAP es una compañía fundada en Alemania en 1972 por cinco empresarios que tenían la visión de crear software de aplicaciones estándar para el procesamiento de negocios en tiempo real. La idea detrás de SAP es interconectar todas las áreas de negocios de la empresa en un entorno en tiempo real y tener información precisa y actualizada para que las decisiones se puedan tomar de inmediato si es necesario.

Desde su fundación, SAP ha generado diferentes "lanzamientos" (versiones), y la versión más reciente es S / 4 HANA.

Actualmente, SAP es utilizado por más de 300,000 clientes en todo el mundo, y muchas de las compañías Fortune 500 operan en esta plataforma. En el momento en que se escribió este libro, el plan de SAP para el futuro crecimiento es expandirse en economías de mercados emergentes como Brasil, India, Rusia y especialmente China.

También, SAP tiene la intención de invertir unos 2.000 millones de euros solo en el sector del mercado medio.

En el mundo de SAP, encontrarás innumerables acrónimos y abreviaturas, muchas de las cuales se analizarán en los siguientes capítulos.

2.2.   QUE ES UN ERP?

Planificación de recursos empresariales =

Enterprise Resource Planning = ERP

En tecnología de la información, un software de planificación de recursos empresariales (ERP) es un programa de administración de procesos de la empresa que permite a una organización utilizar un sistema de aplicaciones integradas para administrar el negocio y automatizar muchas funciones administrativas relacionadas con tecnología, servicios y recursos humanos.

El software ERP integra todas las facetas de la operación de la empresa, incluida la planificación, desarrollo, fabricación, ventas y comercialización de productos, juntándolos en una sola base de datos, aplicación e interfaz de usuario.

Hay varias plataformas ERP diferentes en el mercado, siendo SAP es una de las principales plataformas.

2.3.   GESTIÓN DE LA RELACIÓN CON EL CLIENTE = CUSTOMER RELATIONSHIP MANAGEMENT (CRM)

En general, la administración de relaciones con los clientes (CRM) incluye todos los aspectos de las interacciones que una empresa tiene con sus clientes, ya sea de ventas o de servicios. Si bien la frase "gestión de relaciones con los clientes" se utiliza con más frecuencia para describir una relación de empresa a consumidor (B2C), CRM también se utiliza para gestionar las relaciones de empresa a empresa (B2B). La información rastreada en un sistema de CRM incluye contactos, clientes, contratos ganados, clientes potenciales de ventas y más.

En particular, SAP CRM es una solución integral para administrar las relaciones con los clientes de la compañía.

Este módulo se relaciona con todas las áreas de negocio centradas en el cliente, desde el marketing hasta las ventas y el servicio, así como los canales de interacción con el cliente, como el centro de interacción, Internet y los clientes móviles. SAP CRM es parte de SAP Business Suite y está estrechamente integrado con SD en R / 3.

En muchos casos, todos los pedidos de CRM se descargan en SAP para completar el proceso de venta, que incluye envío, empaque, entrega de los productos y facturación.

2.4. INTEGRACIONES

En SAP, todos los módulos están relacionados o integrados entre sí.

En particular, los módulos de la cadena de suministro están estrechamente integrados para respaldar el proceso OTC (Order to Cash). = Cadena de distribución

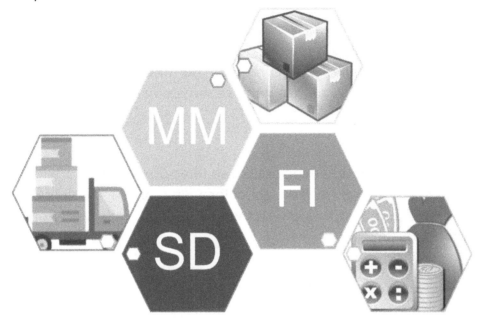

Manejo de Materiales (MM) y SD

Una de las integraciones más cercanas a la funcionalidad SD es el módulo de Gestión de Materiales (MM).

En este módulo, definimos el producto y los servicios en el maestro de materiales, de modo que cuando se coloca una solicitud de pedido, una consulta o un pedido de venta, utilizamos este código de producto para ingresar todos los artículos.

Nota: La información detallada sobre este tema se trata en el Capítulo 4.

Además, en el momento de la captura de la orden de venta (si está definido en el material), se realiza una verificación de disponibilidad del material, para que podamos determinar si habrá suficiente stock para entregar la orden a tiempo.

Después de esto, tras la entrada del pedido, el producto se recoge del almacén y se imprimen los documentos de envío. A la salida de mercancías, las cantidades de inventario se reducen automáticamente..

Finanzas (FI) y SD

El módulo de contabilidad financiera (FI) se relaciona con el módulo SD de la siguiente manera: cuando se coloca una orden de venta, se determinan los impuestos, con todas las reglas definidas por el departamento de finanzas.

El límite de crédito del cliente también se verifica de acuerdo con la cantidad máxima definida por cada cliente (si se ha definido la verificación de crédito).

Cada vez que se produce un movimiento de mercancías debido a un documento SD (entrega, devoluciones, etc.), se crea un documento financiero en fondo y cada uno de los movimientos llega a una cuenta del libro mayor (G / L).

Por ejemplo, en general, en una salida de mercancías debido a una venta, la cuenta de saldo de inventario disminuye y el saldo de la cuenta de costo de ventas aumenta.

Nota: Estas son situaciones generales; sin embargo, según los requisitos de la compañía, esta contabilización financiera podría variar.

Una vez que se envían las mercancías, se envía una factura al cliente, que también genera un documento financiero. Otros documentos de facturación (notas de débito, notas de crédito, etc.) también generan contabilizaciones financieras.

Ejemplo: En relación con la salida de mercancías, el envío de mercancías se refleja en finanzas.

Asientos contables

Inventario	Costo de Ventas
- $ 100	+ $ 100

Planeación de la producción (PP) y SD

En las operaciones regulares (con los escenarios de Fabricación de stock [MTS]), el módulo SD se integra con la Planificación de la producción (PP) a través de la transferencia de requisitos.

En un escenario simplificado, esto funcionará de la siguiente manera:

Se crea un pedido de venta por 40 pcs.

Sin embargo, después de revisar los niveles de stock actuales, el sistema determina que solo hay 30 unidades disponibles.

En este momento, este requisito se transfiere automáticamente al módulo PP con la necesidad de producir 10 unidades más, y en función del tiempo de producción, confirmará las 10 unidades restantes en la orden de venta para un momento futuro (siempre que se produzcan estas piezas y en stock).

En el área de producción, siempre que el planificador ejecute la Planificación de necesidades de material (MRP), todos estos requisitos se consideran (así como la demanda futura) para determinar la cantidad de stock que se producirá.

En un escenario más complejo de Fabricación de Pedido (MTO), en el momento del pedido de venta, la lista de componentes deseados se incluye en el documento, y esto activará un pedido planificado que se puede convertir directamente a una orden de producción. En este caso, la orden de producción está directamente vinculada a la orden de venta, y el producto terminado solo puede ser utilizado por este cliente en particular.

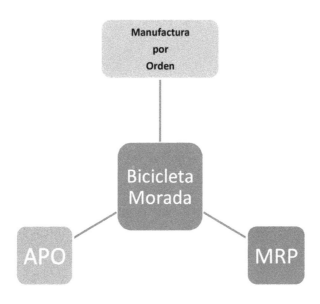

Ejemplo: Nuestra empresa fabrica bicicletas personalizadas de acuerdo con las especificaciones del cliente (proceso de pedido).

En este caso, cada pedido de venta será diferente, ya que cada una de las bicicletas tendrá un color, corte, altura, etc. diferentes.

3.   ¿CÓMO EMPIEZO?

En SAP, generalmente podemos conectarnos a varios ambientes (servidores), que servirán para diferentes propósitos. Un ambiente de sistema típico para ERP Componente Central (ECC) es el siguiente:

Normalmente un ambiente es un servidor físico (o en la nube) que contiene uno o varios "clientes" de configuración.

NOTA: No confundir cliente de configuración con los datos maestros de cliente (que es un consumidor a quien le vendemos los productos de la empresa).

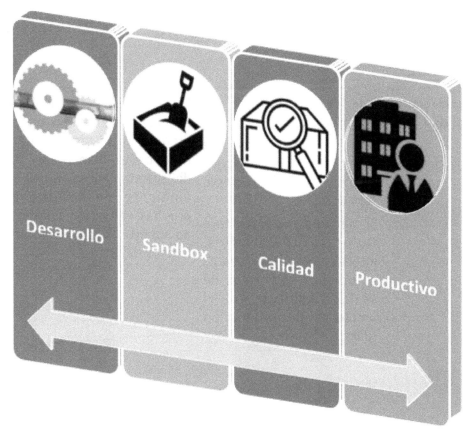

Tipo	Descripcion	Comentarios
Desarrollo	Normalmente, toda la programación ABAP para desarrollos y reportes personalizados, así como la configuración, se realizan aquí.	**IMPORTANTE:** Como práctica estándar, generalmente hay un sistema de desarrollo y configuración "puro", en el que los datos maestros y las pruebas no están incluidos. Este se conoce como el "Cliente Dorado" ("Golden Client"). De ahí toda la configuración se copia al resto de los ambientes.
Sandbox	En algunos casos, se crea un ambiente de pruebas para probar la configuración o la funcionalidad sin afectar la configuración real.	El ambiente está abierto para configuración, datos maestros, etc.
Aseguramiento de calidad	Este es un ambiente de pre-producción. Este ambiente es opcional y no todas las instalaciones o proyectos usan este servidor. Si se usa, normalmente todos los desarrollos, interfaces y cargas de datos se prueban aquí antes de ser utilizados en el ambiente de producción real.	Si se utiliza este ambiente, después del arranque en productivo, se recomienda que cada cierto tiempo, los datos del sistema real se copien en el ambiente de Calidad para pruebas, validación y propósitos de soporte (si la infraestructura lo permite).

| Produccion | Este es el sistema en línea y en tiempo real utilizado en la empresa.

Todas las transacciones de la compañía se registran aquí para los módulos disponibles. | Por lo general, se respalda toda la información de este sistema.

Dependiendo de la carga de datos y el tamaño de la base de datos, se podría realizar un proceso llamado "Archiving" (Borrar información de la base de datos y respaldarla en un servidor especial).

Normalmente esto se hace después de 5, 10 o 20 años de operaciones. |

Una comparación rápida entre los diferentes ambientes puede ayudar a aclarar las diferencias:

Tipo	Configuracion maestra	Abierto para cambios de configuración *1	Acepta datos maestros	Comentarios
Desarrollo (Golden)	Sí	Sí	--	Algunos datos maestros mínimos pueden crearse aquí si es necesario para la configuración. Ejemplos: • Cuentas financieras • Proveedores • Clientes • Materiales
Sandbox	--	Sí	Sí	
Calidad	--	--	Sí	
Producción	--	--	Sí	

*1 – Si el ambiente no está abierto para configuración, los cambios deseados en la configuración deben realizarse en el cliente de desarrollo y copiarse a este sistema

3.1. INTERFAZ GRÁFICA DE USUARIO DE SAP = GRAPHIC USER INTERFASE (GUI)

Al igual que con cualquier otro software de aplicación, tenemos la opción de conectarnos a SAP a través de un acceso directo al programa o vía menús.

Si tienes el inicio de sesión normal, verás un ícono en tu computadora como este:

SAP Logon

❖ Para entrar a SAP, haz doble clic en el icono o haz clic en Abrir para iniciar la navegación.

Para las versiones más nuevas de SAP, existen formas alternativas de conectarse, tal como un enlace o liga a una página web, como se muestra en la siguiente pantalla:

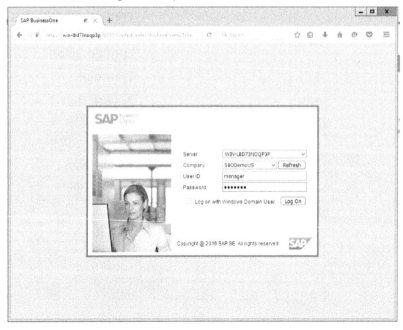

En este libro, se mostrarán las pantallas en la instalación clásica de la GUI, ya que no todos los clientes han migrado a las nuevas pantallas de inicio de sesión y de transacciones en web.

Comenzar la navegación

Comencemos con los conceptos básicos de la interfaz gráfica de usuario (GUI).

Después de hacer clic para abrir la ventana de inicio de sesión, verás los sistemas disponibles para tu empresa o proyecto:

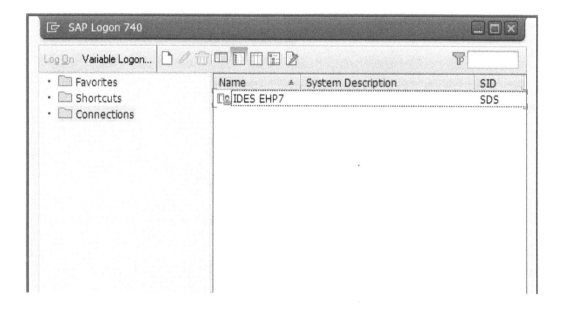

Nota: Dependiendo de la arquitectura de tu sistema, verás más o menos opciones disponibles.

- Una vez que hayas seleccionado el sistema al que deseas conectarte, puedes hacer doble clic en él y aparecerá la pantalla de inicio para la sesión inicial.
- Si es la primera vez que entras a SAP, deberás teclear:
  - Numero de Servidor asignado.

- Este será el número de identificación del servidor proporcionado por el administrador
- Tu ID de usuario SAP asignado
- Contraseña temporal
- Idioma

❖ Consulta el Apéndice para los 41 idiomas compatibles de SAP.

❖ Presiona **Enter** o el boton

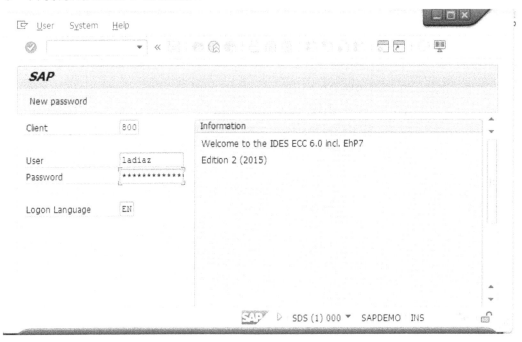

En este momento, el sistema te pedirá que cambies tu contraseña temporal.

Nota: Deberás seguir las pautas de tu compañía para la creación y seguridad de contraseñas.

Este paso solo se realizará la primera vez que entres al sistema. Después de eso, deberás utilizar tu contraseña recién creada.

Es importante establecer una contraseña que sea fácil de recordar, pero que no sea identificada fácilmente por otra persona. Si olvidas tu contraseña, tendrás un número establecido de intentos para acceder a ella (generalmente tres). Si no tienes éxito, tu nombre de usuario se bloqueará automáticamente y deberás ponerse en contacto con el administrador del sistema para desbloquearlo

3.2. NAVEGACION

Para navegar en SAP, usará la barra de navegación en la parte superior de la pantalla. Aquí tienes los siguientes botones:

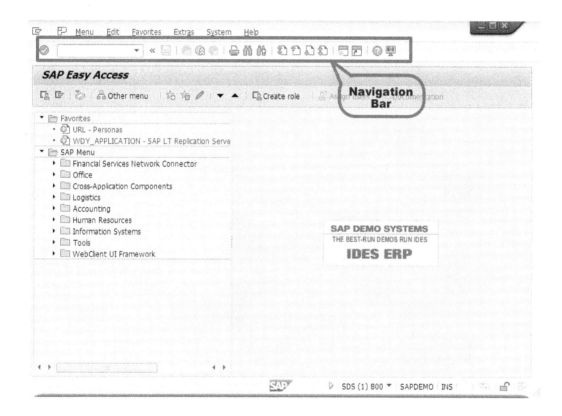

Boton	Función	Botón	Función
	Entrar Acepta una transacción		Línea de comandos Aqui puedes entrar el código de acceso directo a la transacción deseada.
	Salvar Guardar cualquier cambio o información recién grabada.		Regresar Similar al navegador de Internet, vuelves a la transacción anterior. Si navegas dentro de un menú, vuelves a la opción anterior en el menú.
	Subir Navegar al menú superior (si navegas dentro de un menú).		Cancelar Cancelar la transacción En caso de error, este botón puede usarse para salir de la transacción.
	Impresión Enviar una copia impresa a la impresora seleccionada.		Buscar Buscar un valor particular en un reporte o transacción.

🔍	**Buscar siguiente** Buscar el siguiente valor encontrado en el reporte o la transacción.	📄	**RePág (arriba)** Navegar a la página **inicial** de un documento o reporte.
📄	**RePág** (una página a la vez) Navegar a la página anterior en un documento o reporte.	📄	**Página abajo** (una página a la vez) Navegar a la siguiente página en un reporte de documento.
📄	**Página abajo** (última página) Navegar a la última página del documento o reporte.	▦	**Nueva ventana de transacción** Crear una ventana de trabajo, donde puede ejecutar una transacción o reporte
📄	**Crea un atajo (Shorcut)** Genere un atajo (shorcut) de la transacción.	❓	**Ayuda en línea** Proporciona ayuda sobre el uso de un campo o transacción particular.
📄	**Configurar el diseño local** Cambiar los parámetros como el esquema de color de SAP, mostrar códigos de tecla en los menús, opciones de accesibilidad y establezca los directorios predeterminados para datos locales como "SapWorkDir".		

Para navegar a la funcionalidad, tiene dos opciones (como todo en la vida):

• La fácil: Vía código directo de transacción.

• La difícil: Vía menus.

Via Menus

Si eliges usar la opción del menú, navegarás haciendo clic en una carpeta en particular, y esto abrirá las diferentes opciones para este menú.

Una vez que llegues a la opción deseada, puedes hacer doble clic en ella para que el sistema muestre los datos de la transacción.

Ejemplo: Deseas crear un nuevo pedido de cliente, así que sigues la ruta completa hasta llegar a la transacción deseada.

Una vez allí, haces doble clic en la transacción:

Esto te llevará a la pantalla Crear orden de venta.

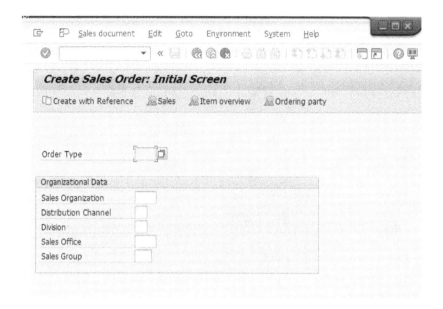

Nota: Si deseas volver al menú anterior, haz clic en el botón Atrás.

Via código de transacción

Una vez que estés más familiarizado con el sistema, puedes navegar más rápido a través de los códigos de transacción (o códigos t).

Puedes tomar la ruta escénica a través de los menús, o puedes usar el código de la Transacción para crear un pedido de venta.

Ejemplo:

Escribe manualmente el códigoT para la creación de órdenes de venta (VA01) en el campo de comando y haz clic en Entrar.

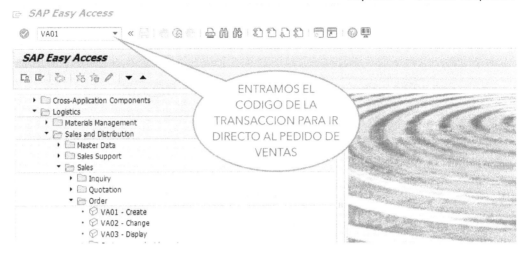

Esto te llevará directamente a la pantalla Crear orden de venta.

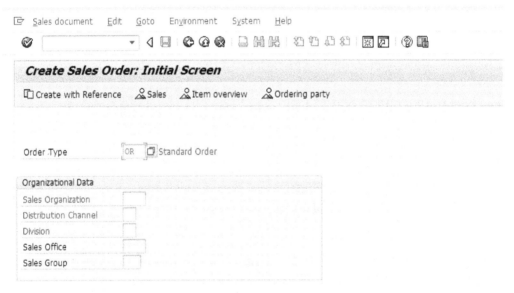

En SAP, la mayoría de las transacciones operacionales y la funcionalidad tienen un código de transacción correspondiente.

En el Apéndice encontraras una lista de las transacciones más comunes para SD.

NOTA: Para la configuración, no todas las opciones tienen un código de transacción, y debes llegar a ellas a través de los menús de Configuración.

3.3. CONFIGURACIÓN

En SAP, la funcionalidad se puede configurar de acuerdo con los requisitos de la compañía, lo que permite una mayor flexibilidad.

Se puede acceder a la configuración a través del menú o la transacción utilizada para esto.

La imagen a continuación muestra la ruta del menú para la configuración:

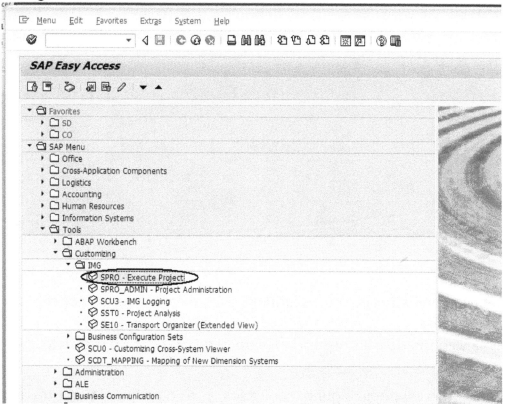

La transacción para configurar es el objeto de referencia del proyecto de SAP (SPRO).

Una vez ahi, verás el nombre de tu proyecto y debes seleccionarlo.
Si no está disponible, puedes seleccionar **SAP Reference IMG.**

.

También puedes usar el botón F5.

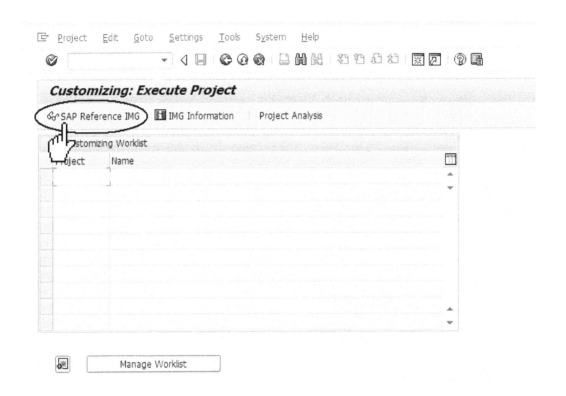

En los siguientes capítulos, discutiremos los detalles de los conceptos fundamentales de la funcionalidad, y también cómo configurar el sistema y adaptarlo a las necesidades de tu organización o proyecto.

Además, ofreceremos algunos consejos y trucos que le ahorrarán dolores de cabeza más adelante.

Cubriremos la funcionalidad principal para el módulo SD dentro del siguiente path de configuración:

NOTA: Los temas seleccionados en los cuales cubriremos el detalle de la configuración están marcados a continuación:

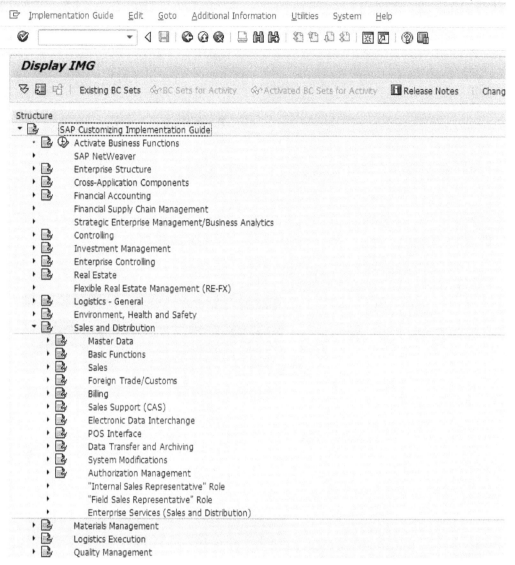

3.4. TRANSPORTES

Como mencionamos anteriormente, hay diferentes ambientes en el sistema. Algunos de ellos no aceptan configuración directa.

En esos casos, para actualizar la configuración, esta debe ser copiada desde los ambientes de desarrollo.

En SAP, esto se hace a través de un "Transporte".

Un transporte es similar a un paquete que contiene todos los cambios realizados en un objeto de configuración particular.

Cada vez que guardes un cambio en la configuración, tendrás la opción de crear un transporte o usar uno existente.

Esto te dará un número único de identificador (solicitud) que se utilizará para copiar tu configuración de un ambiente a otro.

Si deseas ver una lista de sus transportes al crear uno nuevo, haz clic en **Transportes Propios**.

Lista de transportes

Si desea ver una lista detallada de todos los transportes que tu (u otra persona) han generado, debes entrar a la transacción "Organizador de transportes".

En esta transacción, puedes:

• Ver una lista de todos tus transportes (liberados, abiertos para cambios, etc.)

• Ver un registro de transporte detallado de las copias del transporte (es decir, a qué ambientes se ha copiado).

Si hubo algún error al copiar el transporte, también se grabará aquí.

• Liberar un transporte (discutido en detalle en la siguiente sección).

Organizador de transportes	
R u t a d e Menú	SAP > Tools > Customizing > IMG > Transport Organizer SAP> Herramientas> Configuración> IMG> Organizador de transporte
Transacción	SE10

• Primero, debes entrar el usuario quien creó el transporte.

Ejemplo: Usuario LADIAZ

Nota: Si deseas ver una lista de todos sus transportes disponibles marque todas las opciones.

• Haz clic en "ENTER" o seleccione el botón

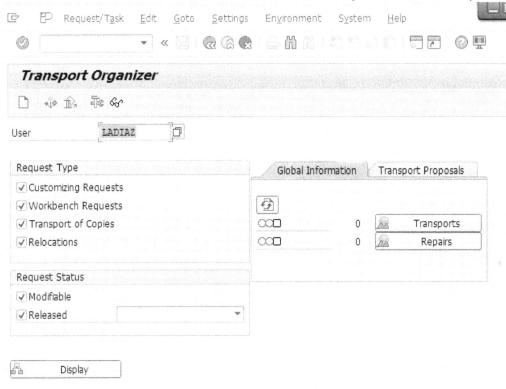

Esto te traerá una lista de todos tus transportes, como se muestra en la siguiente imagen.

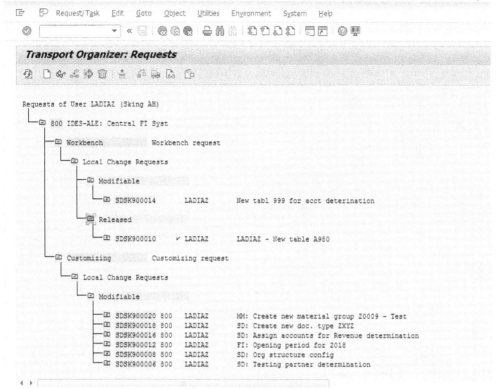

El sistema los agrupará por tipo (Customizing o Workbench) y dentro de esas categorías como "Modificable" y "Liberado".

• Customizing = Transportes restringidos solo a ese cliente.

• Workbench = Cambios que aplican a todos los clientes dentro del mismo servidor.

Desde esta pantalla, si necesitas obtener los detalles del transporte o necesita actualizar información como descripción, notas, etc., puede seleccionarla y hacer doble clic en el número de transporte (o usar la opción de visualización).

Generalmente, la información aparecerá como solo visualización.

Si necesitas actualizar algún transporte, selecciona la opción de actualización, que se muestra en la siguiente pantalla:

Display request/task SDSK900020

| Request/Task | SDSK900020 | Customizing request |

Properties Objects Documentation

Short Description   MM: Create new material group Z0009 - Test
Project

Target System

Source client   800
Owner   LADIAZ
Status   Modifiable
Last changed   12.05.2018 10:07:51

| Attribute | Short Description | Value | |

Concepto de "Liberar un Transporte"

Hay dos formas de copiar el transporte a otro ambiente:

- Manualmente a través de un "transporte de copias".
- Automáticamente (para transportes liberados).

En la mayoría de las implementaciones, los transportes están configurados para copiarse automáticamente a otros ambientes una vez que se "liberan".

Normalmente, solo liberamos un transporte cuando las pruebas han tenido éxito y no esperamos más cambios.

Nota: una vez que haz liberado un transporte, este no aceptará ningún cambio adicional. Si necesitas modificar el mismo objeto de configuración, deberás crear un nuevo transporte.

Ejemplo: Ejemplo: El lunes debes configurar el nombre de tu empresa: "Acme Inc."

Desafortunadamente, el partido de tu equipo favorito fue el día anterior y no tomaste café esa mañana entonces terminaste configurando: "Amce lcn".

Tu guardas los cambios, generando un "transporte".

Al día siguiente, te das cuenta del error y quieres corregirlo.

¿Qué hacer?

• Si el transporte no se ha liberado, puedes realizar la corrección y guardarla utilizando el mismo número de identificación de transporte que utilizaste originalmente.

Resultado = Esto sobrescribirá la descripción incorrecta anterior.

• Si ya habías liberado el transporte original, tendrás que hacer la corrección y guardar, pero usando un nuevo número de identificación de transporte.

Resultado = Esto sobrescribirá la descripción incorrecta anterior.

IMPORTANTE: En este caso, debes asegurarte de que **ambos** transportes se pasen en el orden correcto (primero el incorrecto, luego el correcto), de lo contrario terminaras con una configuración incorrecta.

o

Proceso para liberar un transporte

Para liberar un transporte, primero debe acceder a la transacción "Organizador de transportes" (el mismo mencionado en la sección anterior para mostrar la lista de transportes).

Organizador de transportes

Ruta de Menú	Herramientas > Configuración > IMG > Organizador de transporte.
Transacción	SE10

❖ Ingresa la identificación de usuario del creador del transporte.

EJEMPLO: Usuario LADIAZ

Dado que estamos liberando un transporte, marca solo la opción "Modificable" y el tipo de solicitud (normalmente Customizing o Workbench), como se muestra a continuación:

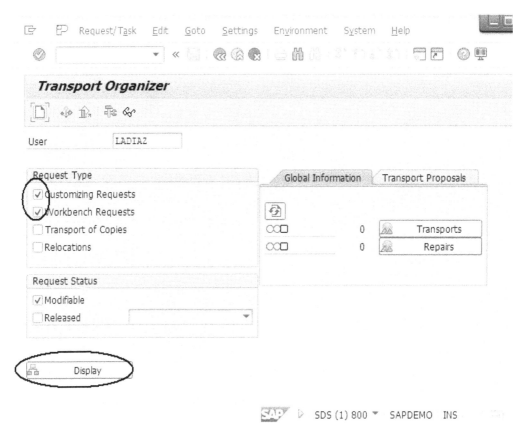

• Selecciona Mostrar o haz clic en "Enter".

Después de esto, verás la lista de transportes disponibles para su liberación.

Haz clic en el transporte que deseas liberar y, en la carpeta a la izquierda, haz clic de nuevo, de modo que abra la lista de "tareas" asociadas.

Nota: Una tarea es una lista de los cambios que hiciste para un objeto de configuración.

Si utilizaste el transporte para configurar diferentes objetos (no recomendado), tendrás varias tareas vinculadas al transporte principal.

Para que el transporte principal esté disponible para su lanzamiento, primero libera cada tarea de la siguiente manera:

• Selecciona la tarea haciendo clic en ella.

• Después de esto, selecciona liberar el transporte ⛟ , como se muestra en la siguiente imagen:

❖

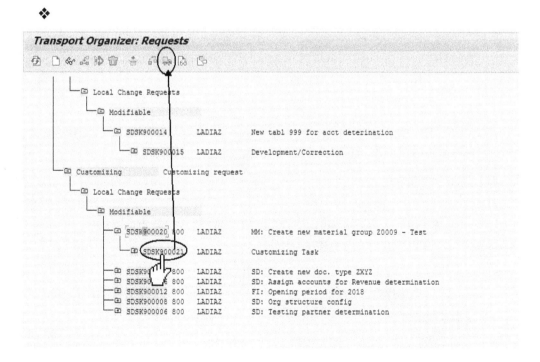

• Repite el proceso para todas las tareas.

Una vez que hayas liberado todas las tareas, podrás liberar el transporte principal.

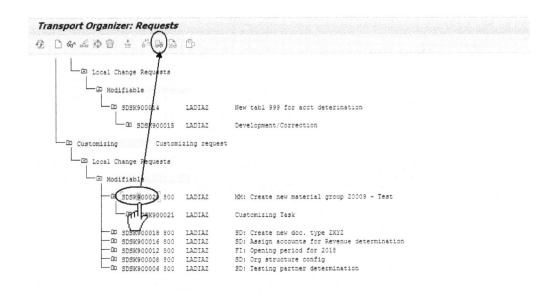

Mejores prácticas

Es una práctica recomendada crear transportes independientes para cada transacción de configuración.

Algunas personas agrupan las suyas por día, semana o cualquier agrupación que tenga sentido para ellos.

La razón de esto es que si tu transporte falla al moverse entre ambientes y necesitas volver a generar uno nuevo, si solo se incluyen algunas transacciones, el problema estará aislado.

Por otro lado, si tienes todas tus configuraciones en un solo transporte, entonces necesitarás volver a hacer todo nuevamente.

3.5. EJERCICIOS

Navegar

- Desde el menú inicial, crea una nueva sesión
- En la nueva sesión, ve a la transacción de creación de orden de venta (VA01)
- Desde esta sesión, regresa al menú inicial

Configuración y Transportes

- Desde el menú inicial, ve a la configuración
- Abre la sección para actualizar las plantas (ver camino en la sección 3.2.2)
- Modifica la descripción de una de las plantas existentes en tu sistema agregando tus iniciales
- Guarda los cambios, que deben generar el número de transporte
- Volver a la pantalla inicial
- Controla tu transporte y asegúrate de que esté en las listas de transporte

4. ESTRUCTURA ORGANIZACIONAL

La estructura de la empresa es similar a la fundación de una casa.

Debe estar claramente definida antes de que se pueda construir algo más sobre él.

En SAP representa cómo esta organizada una empresa legal y logísticamente.

La base correcta y la creación de una estructura organizacional es vital, ya que esto determinará el nivel de información obtenida de los informes agregados y los estados financieros estándar.

Tiene varias áreas que se determinan en un nivel jerárquico.

Algunos de los elementos de la estructura empresarial generalmente están definidos por las áreas de finanzas (como la compañía del grupo o las áreas de control de crédito), pero ese es un tema para un curso de finanzas.

En este capítulo vamos a cubrir la definición, el propósito y la configuración de todos los elementos del área de logística y ventas que necesitas para tu proyecto o compañía.

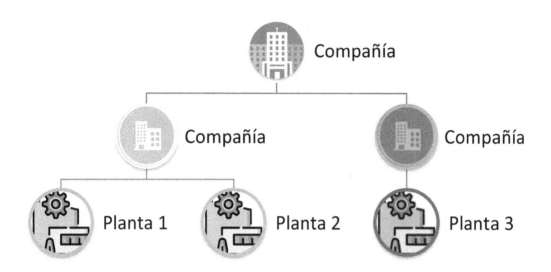

4.1. COMPAÑIA (RAZON SOCIAL)

Usos y funcionalidad

Una Compañía es la unidad organizativa de contabilidad más pequeña para la cual puedes crear un grupo de cuentas financieras.

Esto incluye el registro de todas las transacciones que se deben contabilizar y la creación de todos los elementos para los estados financieros individuales legales, como el balance y las cuentas de resultados.

La definición de al menos una compañía es obligatoria.

Si deseas administrar la contabilidad de varias empresas independientes al mismo tiempo, puedes configurar varias compañías para un ambiente SAP. Debes configurar al menos una compañía para cada ambiente.

Es importante no confundir la compañía y Compañía de consolidación. Esta última se utiliza normalmente para fines de consolidación y puede estar compuesta por varias compañías.

Configuración – Crear una nueva compañía

Configuración de Compañía	
Menu	SPRO> Estructura empresarial> Definición> Contabilidad financiera> Editar, copiar, eliminar, verificar código de empresa> Editar datos de código de empresa
Transacción	No disponible

En esta sección discutiremos el procedimiento para definir un nuevo código de empresa de principio a fin.

La creación de una compañía financiera normalmente es responsabilidad de un consultor funcional de finanzas.

Sin embargo, se incluye en este libro, de modo que en caso de que no haya uno disponible, puede ejecutar este paso. Sin él, no podrá configurar el resto de las ventas requeridas y la funcionalidad de distribución.

Si quieres ahorrar tiempo, usa la opción "Copiar" para copiar los parámetros relacionados por estándar.

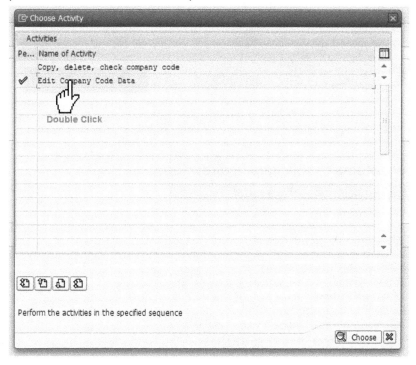

En este caso, a modo de practica, utilizaremos la opción Nuevas entradas.

Debes ingresar el código de identificación de la empresa, así como los datos adicionales.

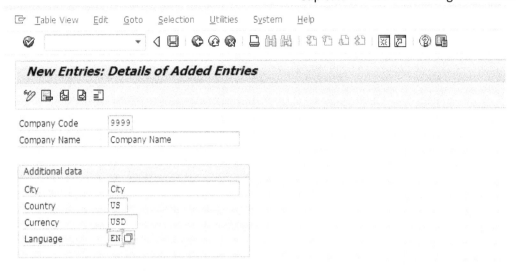

Después de esto, el sistema te solicitará la dirección:

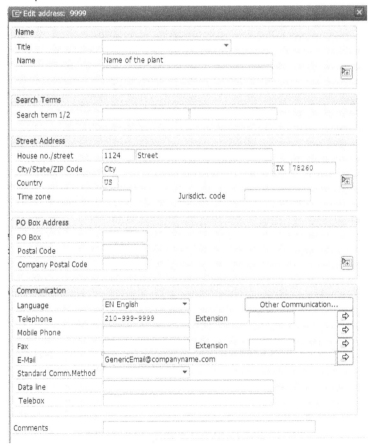

Esta información de dirección aparecerá de forma automática en los formatos impresos de SAP para documentos relacionados con finanzas.

• Después de esto, puedes volver a la pantalla inicial haciendo clic en el botón Atrás, donde puedes guardar la compañía recién creada.

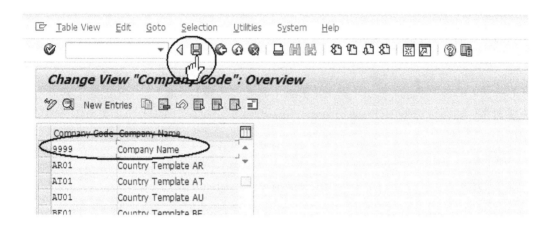

4.2.   PLANTA

Usos y Funcionalidad

La planta es un área operativa o una rama dentro de una compañía.

Normalmente representa una planta de producción, pero también puede representar un almacén, un área física separada de la empresa o incluso un departamento.

La planta está integrada en la estructura organizacional de la siguiente manera:

- La planta está asignada a una única compañía.
- Una compañía puede tener varias plantas.
  - Varios almacenes en las que se manejan las existencias de materiales pueden pertenecer a una planta.
  - Una planta puede tener varios puntos de embarque. Puedes asignar un punto de embarque a varias plantas.

Una planta tiene los siguientes atributos:

- Una dirección.
- Un idioma.
- Pertenece a un país.
- Sus propios datos maestros de materiales. Puedes mantener los datos a nivel de planta para las siguientes vistas en un registro maestro de materiales en particular: MRP, compras, almacenamiento, programación de trabajos, recursos / herramientas de producción, previsión, Administración de calidad, ventas y costos.

La planta juega un papel muy importante en las siguientes áreas:

•Valoración de materiales: si el nivel de valoración es la planta, las existencias de materiales se valoran a nivel de planta.

•Si el nivel de valoración es la planta, puedes definir los precios de los materiales diferentes para cada planta. Cada planta puede tener su propia determinación de cuentas.

• Administración de inventario: las existencias de materiales se manejan dentro de una planta

Producción.

• MRP: los requerimientos de material están planificados para cada planta. Cada planta tiene sus propios datos de MRP. Los análisis para la planificación de materiales se pueden realizar en todas las plantas.

• Costeo: en el cálculo de costos, la valuación del producto se define solo dentro de una planta.

• Mantenimiento de la planta: si una planta realiza tareas de planificación de mantenimiento de la planta, la podemos definir como una planta de planificación de mantenimiento. Una planta de planificación de mantenimiento también puede llevar a cabo tareas de planificación para otras plantas de mantenimiento.

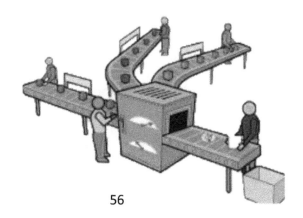

Configuración – Crear una nueva planta

En esta sección, aprenderemos cómo crear una nueva planta, copiándola con referencia a una existente.

Nota: Esta es una práctica común, ya que copiar la información existente trae de la planta predeterminada todos los parámetros requeridos.

En el caso de una planta, SAP recomienda copiar una de las plantas existentes para tu país, ya que tiene todos los parámetros requeridos, incluyendo el calendario de fábrica.

Configuración de planta	
Ruta de Menú	SPRO> Estructura de la empresa> Definición> Logística - General> Definir, copiar, eliminar planta
Transacción	No disponible

❖ Haz doble clic en Definir planta.

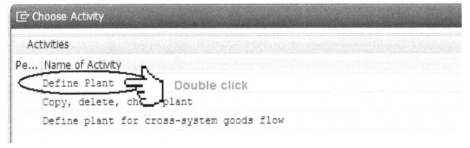

❖ Luego selecciona la planta a utilizar de referencia y selecciona la función de copia

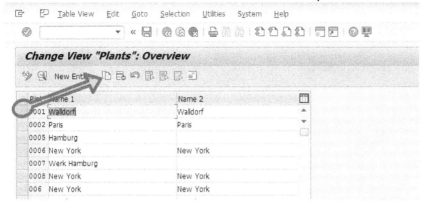

Debes ingresar los datos nuevos de la planta, incluida la identificación de la planta, el nombre 1, el nombre 2, el código de país, el código de la ciudad y el calendario de fábrica.

IMPORTANTE: El calendario de fábrica determina los "días hábiles" para la planta / almacén / ubicación de envío, etc.

Esto es importante porque los "días hábiles" se tienen en cuenta para calcular la fecha estimada de entrega de las mercancías.

Cada planta podrá tener un calendario de fábrica diferente.

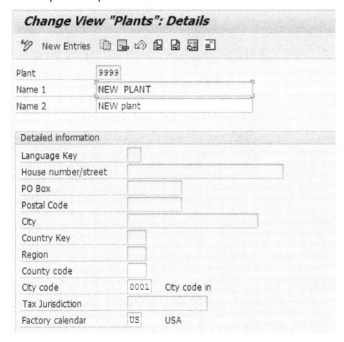

Después de hacer clic en Entrar, el sistema te solicitará la dirección de la planta, y deberás ingresar todos los datos de dirección conocidos.

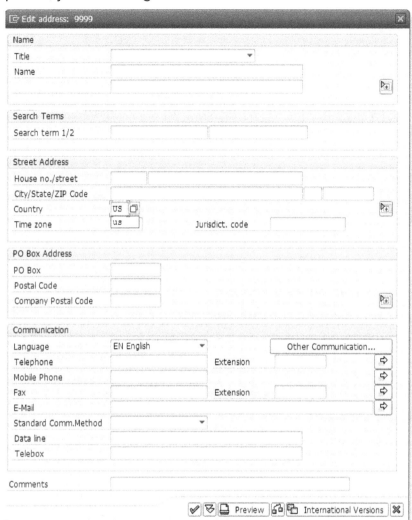

Esta información de dirección aparecerá de forma automática en los formatos impresos de SAP para documentos relacionados con logística (como aviso de embarque, entrega, remisión, documentos de envío, etc.)

❖ Después de esto, Uso la opción Atrás para volver a la pantalla inicial, donde puedes guardar la planta recién creada.

Configuración – Asignar la planta a la compañía

Plan T Configuración	
Ruta de Menú	SPRO > Estructura Organizacional > Asignación > Logística – General > Asignar planta a la compañía.
Transacción	OX18

Una vez que se crea la planta, debe asignarse a un código de empresa. Esto indicará financieramente la relación entre la planta y la empresa, creando la estructura jerárquica.

Una planta puede pertenecer exclusivamente a un solo código de empresa.

Por otra parte, una compañía puede tener asociada muchas plantas a ella.

En este caso, para la configuración comenzaremos con una nueva asignación al código de la compañía, por lo tanto veamos los siguientes pasos:

• Selecciona Nuevas entradas. *New Entries*

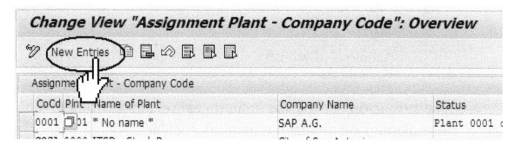

• Luego, debemos ingresar la identificación de la compañía que estas relacionando, así como la identificación de la planta y hacer clic en "Nuevas entradas" *"New Entries"*

• Esto nos regresara a la pantalla original, donde podemos guardar los cambios.

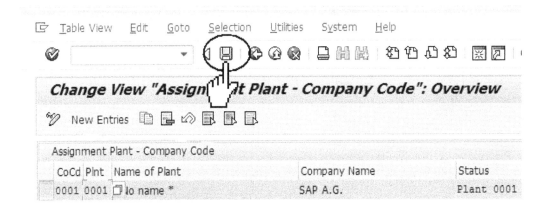

4.3.   ALMACEN

Usos y Funcionalidad

El almacén representa dónde se almacena físicamente el inventario.

También puede representar diferentes tipos de almacenamiento (climatizado, refrigerado, almacén, etc.)
.

En ventas y distribución, todos los materiales se emiten desde una ubicación de la planta y de almacenamiento particular.

Aunque no se usa comúnmente, si es necesario, la combinación de diferentes factores como las condiciones de envío, el grupo de carga del material y la planta, más el uso de una ubicación de almacenamiento en particular puede determinar un punto de envío separado.

Si la integración con el módulo de almacén está activa, cada ubicación de almacenamiento se puede configurar con su propio conjunto de reglas de "Administración de almacenes".

Configuración – Creando un nuevo almacén

Configuración de Almacén	
Ruta de Menú	SPRO > Estructura de la empresa > Definición> Manejo de materiales > Mantener almacén.
Transacción	OX09

Una vez que hayas creado la planta, puedes comenzar con la creación de las ubicaciones de almacenamiento.

Primero, sigue la ruta o la transacción correspondiente.

- Una vez allí, ingresa el ID de la planta donde crearás el nuevo almacén.
- IMPORTANTE: . Todos los almacenes creados en este punto pertenecerán a la misma planta.

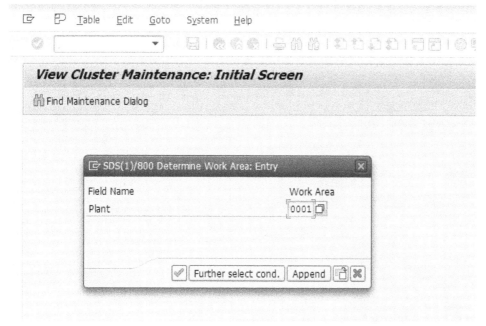

❖ Presione Entrar o el botón. ☑️

Luego verás los almacenes ya creados para la planta.

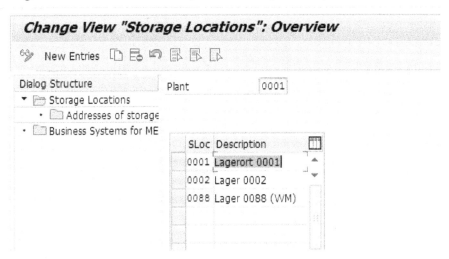

Para agregar un nuevo almacén, selecciona Nuevas entradas *New Entries* e ingresa:

❖ ID - Alfanumérico - 4 caracteres

❖ Descripción - Alfanumérico - 16 caracteres

Ejemplo: Creación de una nueva ubicación de almacenamiento: "FG01 - Finished Goods 1".

La práctica estándar y recomendada por SAP es utilizar identificaciones numéricas para los almacenes, incluyendo una referencia al número de planta, si es posible.

Si tienes varias plantas, también se recomienda mantener la coherencia en las convenciones de nomenclatura para las ubicaciones de almacenamiento.

Ejemplo:

Planta	Almacenes
1000	1001 – Materias Primas 1002 - Semi Terminados 1003 – Productos Terminados 1004 – Refacciones
2000	2001 – Materias Primas 2002 - Semi Terminados 2003 – Productos Terminados 2004 – Refacciones

4.4. ORGANIZACION DE VENTAS

Usos y Funcionalidad

Este es uno de los elementos más importantes en el módulo SD, ya que es parte del área de ventas que se necesita en todos los documentos SD.

La organización de ventas normalmente representa la estructura de ventas para la fuerza de ventas dentro de una empresa.

Esta estructura de ventas puede ser organizada por geografía, por compañía, por líneas de productos, etc.

Legalmente, una organización de ventas está incluida en exactamente una compañía.

Además, puedes asignar una o más plantas a una organización de ventas.

La organización de ventas tiene una dirección propia.

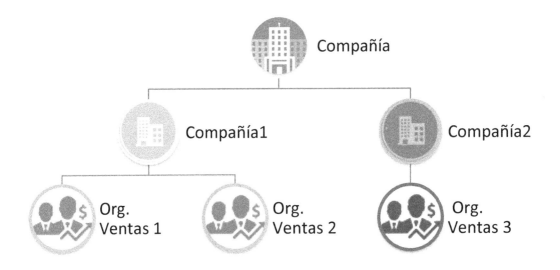

Dentro de una organización de ventas, puedes definir sus propios datos maestros.

Esto le permite a una organización de ventas tener sus propios datos maestros de clientes y materiales, así como sus propias condiciones y precios.

También puedes definir tus propios tipos de documentos de ventas, además de asignarle oficinas de ventas y sus propios empleados.

Todos los artículos en un pedido de ventas y distribución o en un documento de entrega o facturación pertenecen a una organización de ventas.

Una organización de ventas es el nivel de reportes más general para las estadísticas de ventas.

La información agrupada en los reportes se realiza a nivel de organización de ventas.

Ejemplo:

A la compañía le gustaría ver cuánto se ha vendido anualmente por región; por lo tanto, definimos la organización de ventas a nivel regional.

La organización de ventas se utiliza como un criterio de selección para las listas de documentos de ventas y para la lista de entrega y facturación.

Para cada organización de ventas, puedes determinar las impresoras en función de los documentos de ventas y facturación.

Una organización de ventas no puede compartir ningún dato maestro con otras organizaciones de ventas. Los datos maestros deben crearse por separado. Sin embargo, los datos para un canal de distribución o una división pueden crearse para varios canales o divisiones de distribución.

Configuración – Creando la organización de ventas

Configuración	
Ruta de Menú	SPRO> Estructura de la empresa> Definición> Ventas y distribución> Definir, copiar, eliminar organización de ventas
Transacción	OVX5

Como se mencionó anteriormente, la organización de ventas es uno de los elementos más importantes de Configuración en la estructura empresarial para Ventas y Distribución.

Ten en cuenta que la organización de ventas estándar está definida para Alemania, así que asegúrate de ajustar la moneda y la organización de ventas relevantes para tu país en particular.

❖ Primero, selecciona la opción **Definir organización de ventas.**

❖ Selecciona la organización de ventas que tomarás como referencia y selecciona copiar.

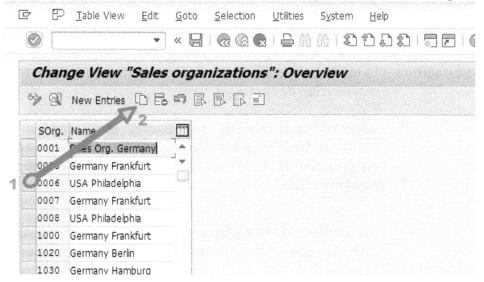

- Ingresa la información relevante para tu organización de ventas.

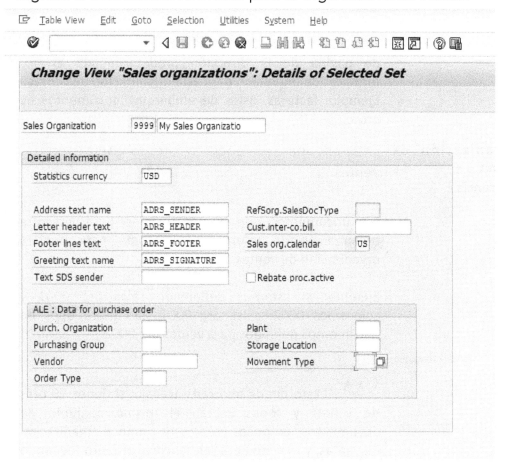

Campos Importantes:

Campo	Uso
Moneda estadística	La moneda a utilizar en los reportes generados para esta organización de ventas. Además, esta moneda se utilizará como moneda predeterminada para los documentos creados para esta organización de ventas en particular (pero los usuarios pueden cambiarla cuando lo deseen)
Textos	Los valores mencionados en estos cuadros son textos estándar que mantenemos utilizando la transacción SE78. Nota: Consulta el apéndice sobre cómo mantener estos textos. Esto podría usarse como los textos del encabezado / pie de página de la dirección predeterminada en los formatos de impresión para esta organización de ventas. Ejemplo: facturas, listas de embarque, documentos de envío.
Organización de ventas de referencia	Esta es una referencia a otra organización de ventas. Los documentos que hemos definido para esa otra organización de referencia se usarán para nuestra organización de ventas. Ejemplo: si estamos definiendo sales org 0001 y colocamos 0002, sales org 0001 solo usará tipos de documentos definidos para ventas Org 0002. Esto puede ahorrarte trabajo, si tienes 10 orgs de ventas y todas usarán el mismo conjunto de documentos, entonces crearás tu primera organización de ventas, y el resto hará referencia al primero (evitando definir el conjunto de documentos que se usarán para los otros 9).

C l i e n t e intercompañía	Incluye aquí el número de cliente creado en el maestro de clientes que representa la planta o compañía. Este se usara como cliente cuando otra planta o compañía del grupo le venda a la organización de ventas que estas creando.. Nota: El número de cliente podría ser diferente entre stus diferentes ambientes (DEV - Desarrollo, QA - Calidad, PRO - Produccion)
Calendario de la organización de ventas	Calendario, que se usa para esta organización de ventas. Nota: Este calendario se puede usar para determinar las fechas disponibles para el envío. Ejemplo: Supongamos que el 1ero de Enero se considera como día no laborable. Entonces, la fecha de envío será el 2 de enero (aunque el producto está disponible el 1º de enero).
P r o c e s o d e Reembolso activo	Marca esta casilla de verificación si deseas tener un proceso de reembolso para esta organización de ventas

❖ Después de esto, registra los detalles de la dirección de la organización de ventas.

70

IMPORTANTE: La dirección de la organización de ventas se utiliza en los formularios impresos, por defecto desde el origen de los productos.

Configuración – Asignación de la Organización de ventas a la compañía

Asignación de la Organización de Ventas a la Compañía	
Ruta de Menú	SPRO> Estructura de la empresa> Asignación> Ventas y distribución> Asignar ventas y distribución al código de la empresa
Transacción	No disponible

Una vez que haya creado el código de la empresa y la organización de ventas, puede realizar las asignaciones entre ellos.

❖ Asigna la organización de ventas al código de la compañía y guardar.

Como se mencionó anteriormente, una organización de ventas puede pertenecer solamente a un código de compañía.

Por otro lado, un código de compañía puede tener varias organizaciones de ventas asociadas.

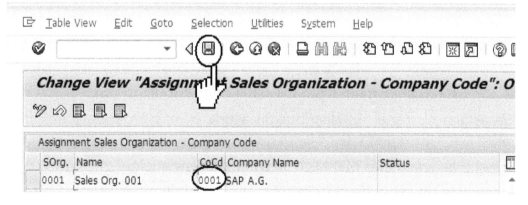

4.5. CANAL DE DISTRIBUCIÓN

Usos y Funcionalidad

Un canal de distribución se define principalmente para ocuparse de los diferentes tipos de como se hace llegar el producto al cliente en una organización de ventas.

Puedes definir un canal de distribución para ventas directas, ventas por Internet, ventas a través de concesionarios, etc.

Esta es principalmente la forma en que la compañía llega a sus consumidores (minorista, directo, internet, mayoristas, etc.)

Los puntos más importantes para el canal de distribución son:

• Se asigna un canal de distribución a una o más organizaciones de ventas.

• Se asignan una o más plantas a un canal de distribución.

• Dentro de un canal de distribución, puedes definir sus propios datos maestros para clientes o materiales, así como sus propias condiciones y precios.

• Puedes crear datos maestros para un canal de distribución representativo, que luego también se usa en otros canales de distribución. Para hacer esto, debes crear adicionalmente la asignación del canal de distribución representativo para los otros canales de distribución.

• Para un canal de distribución, puedes determinar sus propios tipos de documento de ventas.

• Puedes determinar las oficinas de ventas para un canal de distribución.

• Todos los artículos de un documento de ventas pertenecen a un canal de distribución. Por lo tanto, todos los documentos de ventas se ingresan para un canal de distribución.

• Los artículos de una entrega pueden pertenecer a diferentes canales de distribución.

• Todos los artículos de un documento de facturación pertenecen a un canal de distribución.

• El canal de distribución se puede usar como un criterio de selección en las listas.

• Puedes determinar el destino de la impresora para los documentos impresos de forma diferente para cada canal de distribución en función de los documentos de ventas y facturación.

Configuración – Creación del canal de distribución

Crear un canal de distribución	
Ruta de Menú	SPRO> Estructura de la empresa> Definición> Ventas y distribución> Definir, copiar y eliminar canal de distribución
Transacción	OVXI

Esta sección se centrará en configurar un nuevo canal de distribución.

❖ Para este proceso, comience seleccionando Definir canal de distribución. Para acelerar el proceso, copie la Configuración desde un canal de distribución existente.

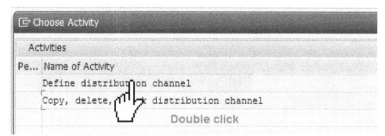

74

❖ Haz clic en el icono de copiar.

❖ Ingresa el nuevo código del canal, una descripción para el canal de distribución y haz clic en el ícono de guardar..

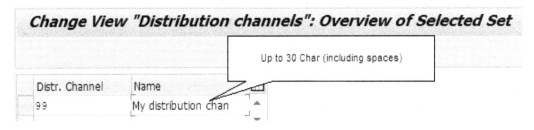

Configuración – Asignar el canal de distribución a una organización de ventas

Asignar el canal de distribución a una organización de ventas	
Ruta de Menú	SPRO> Estructura de la empresa> Asignación> Ventas y distribución> Asignar canal de ventas y distribución a Organización de ventas
Transacción	No disponible

Una vez que la organización de ventas y los canales de distribución se crean de forma independiente, el siguiente paso es relacionarlos "asignando" el canal de distribución para la organización de ventas.

IMPORTANTE: El mismo canal de distribución puede asociarse a varias organizaciones de ventas.

Ejemplo: La organización de ventas 1000 y 2000 pueden estar asociadas a los mismos canales de distribución: "al por menor" y "en línea".

Además, la organización de ventas 1000 también puede tener el canal de distribución "Mayorista".

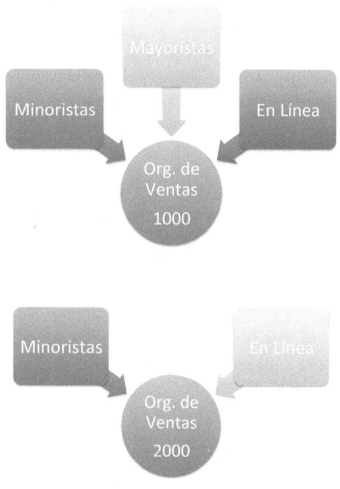

- ❖ Para comenzar con la asignación del canal de distribución, selecciona un canal de distribución y una organización de ventas apropiados y haga clic en el icono de copia para crear una nueva combinación.

❖ Ingresa la organización de ventas y el canal de distribución

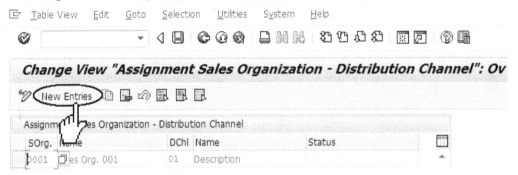

Nota: si tienes varios canales de distribución, deberás crear nuevas entradas para poder asignarlos a tu organización de ventas.

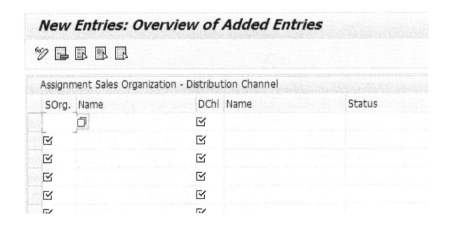

Si tienes una gran cantidad de combinaciones para la organización de ventas y los canales de distribución, puedes crear un archivo Excel con los datos requeridos y copiar y pegar sus valores en las columnas correspondientes aquí.

Nota: Haz esto solo para las filas disponibles en tu pantalla, ya que SAP no se desplazará hacia abajo para obtener valores adicionales

4.6. DIVISION

Usos y Funcionalidad

Una división en SAP representa un grupo de productos o una línea de productos. Normalmente, el registro maestro de materiales pertenecerá a una división en particular.

.

En la siguiente gráfica, la compañía Acme S.A. estructura sus divisiones por tipo de producto:

- Tabletas
- Impresoras

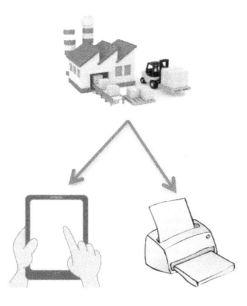

Típicamente, un material pertenece a una division en particular.

Ejemplos:

- Las tabletas están asociadas a la división "01 – Tabletas"
- Las impresoras están asociadas a la división "02 – Printers"

En otros casos, puedes crear una division "general" que estará asignada al material, y así cualquier división puede venderlo.

Ejemplos: En la compañía Acme Inc., during temporada de navidad, ambas divisiones venden "USB drives".

- Entonces el material "USB Drive" estará asignado a la division "03 – Tecnología en general".

Otra compañía ("Consulting Dojo Inc.") vende servicios de entrenamiento, así que sus diferentes divisiones representan las áreas principales que la compañía tiene.

Ejemplo:

- 001 - Cursos de capacitación
- 002 - Libros
- 003 - Consultoría
- 004 - Conferencias
-

Configuración – Creando una división

Creating a Division	
Ruta de Menú	SPRO> Estructura de la empresa> Definición> Logística - General> Definir, copiar, verificar división
Transacción	No disponible

Esta sección se enfocará en crear divisiones.

Para esta configuración, comenzaremos desde cero, no copiaremos la información de una referencia, para que pueda ver la diferencia en el procedimiento.

La creación de la división es un proceso muy simple. Necesitamos definir solo dos campos:

- Clave de la División
- Nombre

SAP proporciona la división estándar "01" que se puede utilizar como referencia.

Comencemos con el proceso:

❖ Selecciona la opción Definir división.

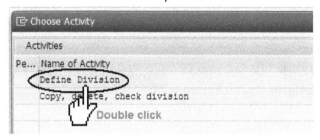

❖ Selecciona nuevas entradas.

❖ .

Nota: En este caso no copiaremos, ya que los resultados son los mismos que cuando se crea una nueva entrada.

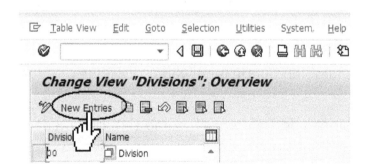

❖ Ingresa la nueva identificación y nombre de división y haz clic en el ícono de guardar.

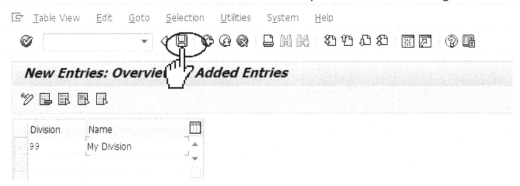

Configuración – Asignar la división a una organización de ventas

	Creating a Division
Ruta de Menú	SPRO> Estructura de la empresa> Asignación> Ventas y distribución> Asignar organización de ventas - División
Transacción	No disponible

Una vez que se crean la división y las organizaciones de ventas, puede agregar las posibles combinaciones a las organizaciones de ventas (similar a lo que se hizo para los canales de distribución).

La misma división se puede asignar a diferentes organizaciones de ventas.

Una organización de ventas también puede tener varias divisiones.

También puede definir divisiones de "referencia", como si pudiera tener decenas o cientos de combinaciones posibles (dependiendo del tamaño de su organización).

Comencemos con la asignación de la división a la organización de ventas.

En este caso, debe agregar una nueva línea para cada organización de ventas y combinaciones de división.

❖ Asigna la división a tu organización de ventas seleccionando Nuevas entradas.

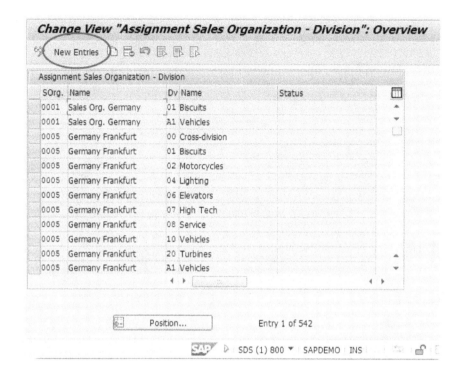

Nota: Si ya habías utilizado la función de copia, es posible que tu división ya esté asignada a una organización de ventas.

Si esta combinación no es válida, elimina esta asignación.

Ingrese todas las combinaciones permitidas para tus organizaciones y divisiones de ventas y haz clic en el icono Guardar.

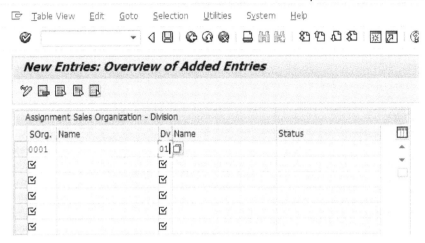

Nota: Se puede asignar una organización de ventas a varias divisiones.

Para cada combinación, debes ingresar una línea.

Al final de ingresar tus combinaciones, graba tus cambios.

4.7.   ÁREA DE VENTAS

Usos y Funcionalidad

SD está organizado según la organización de ventas, el canal de distribución y la división

La combinación de estas tres unidades organizativas forma el área de ventas.

La creación de un área de ventas te permite excluir ciertas combinaciones de las diferentes áreas de la organización.

Este elemento es **obligatorio** en la mayoría de las transacciones de venta, por lo que debes definir el área de ventas antes de pasar a otros procesos.

El siguiente dibujo ilustra cómo podemos interpretar un área de ventas.

La combinación marcada en la línea punteada marca una área de ventas

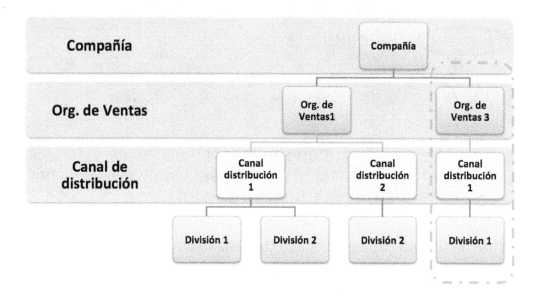

Configuración – Definición del área de ventas

Defining the Sales Area	
Ruta de Menú	SPRO> Estructura de la empresa> Asignación> Ventas y distribución> Configurar área de ventas
Transacción	No disponible

Esta sección se centrará en crear una nueva área de ventas (que es la combinación de la organización de ventas, el canal de distribución y la división).

❖ Comienza seleccionando **Nuevas entradas.**

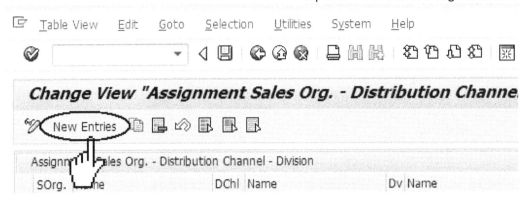

❖ Después de esto, ingresa las combinaciones para las organizaciones de ventas, el canal de distribución y las divisiones permitidos, y haz clic en el ícono de guardar.

IMPORTANTE: En esta opción, incluya todas las combinaciones posibles que pueda tener para los diferentes elementos, ya que si la combinación no está definida, NO podrá crear datos maestros y documentos para ella.

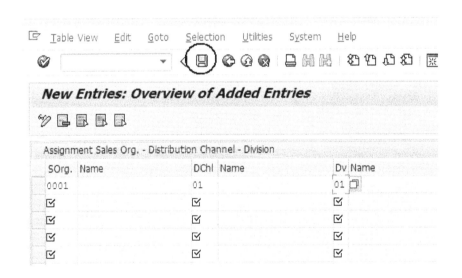

Como se mencionó anteriormente, si tienes una gran cantidad de organizaciones de ventas, canales de distribución y divisiones, puedes preparar un archivo Excel con todas sus combinaciones posibles (incluidas las tres columnas, en el orden en que aparecen en la Configuración) y copiar la información de la hoja de trabajo a SAP.

Nota: No puedes copiarlos todos a la vez.

El número de filas que tenga disponibles dependerá de la resolución de su pantalla y su monitor.

Ejemplo. Supongamos que tiene la siguiente estructura organizativa:

- Organización de ventas : 0001, 0002
- Canal de distribución: 01, 02
- División: 01 - 07.

Entonces tendrás 28 combinaciones posibles. El archivo de Excel se verá así:

5	0001	01	05
6	0001	01	06
7	0001	01	07
8	0001	02	01
9	0001	02	02
10	0001	02	03
11	0001	02	04
12	0001	02	05
13	0001	02	06
14	0001	02	07
15	0002	01	01
16	0002	01	02
17	0002	01	03
18	0002	01	04
19	0002	01	05

4.8.   EJERCICIOS

- Crea un nuevo código de compañía para tu país (Puedes usar la compañía 0001 como referencia o alguna compañía similar en tu país).
- Sugerencia: recuerda cambiar el país en tu nueva compañía. Número de código de empresa: _____
- Crea una nueva planta para tu país (puede usar la Planta 0001 como referencia o alguna similar en tu país).
- Sugerencia: recuerda cambiar los parámetros relacionados con el país. Número de planta _____
- Crea una nueva organización de ventas para tu empresa. Sales org # _____
- Crea un nuevo canal de distribución para tu empresa. Canal de distribución # _____
- Crea una nueva división para tu empresa. División # _____

- Asigna tu nueva planta a tu nuevo código de empresa. _____

- Asigna tu nueva organización de ventas a tu nuevo código de empresa. _____

- Asigna tu nuevo canal de distribución a tu organización de ventas. _____

- Asigna tu nueva división a tu organización de ventas. _____

- Crea una nueva área de ventas con tus nuevas estructuras organizacionales creadas. Nueva área de ventas _____

5. DATOS MAESTROS

En general, los datos maestros son el directorio de la empresa para clientes, proveedores y empleados.

También aquí incluimos la lista de todos los materiales y servicios que la empresa utiliza en sus operaciones, además de las listas de precios para los materiales.

De acuerdo con nuestro ejemplo del capítulo anterior, si la estructura organizacional es el componente básico de una empresa, y los cimientos de la misma; los datos maestros son los muebles y la maquinaria, necesarios para completar las operaciones diarias de la organización.

También hay elementos adicionales como "Registro de Cliente / Material" que no es otra cosa más que una combinación de información entre las listas mencionadas anteriormente.

5.1. SOCIOS COMERCIALES (CLIENTES, VENDEDORES, EMPLEADOS, ETC.)

Usos y Funcionalidad

El rol de un "socio comercial" (Conocido como "Partner function" en inglés) se usa para clasificar a un individuo o compañía en términos comerciales.

Los roles asignados a un socio comercial reflejan las funciones que tiene el socio y las transacciones comerciales en las que es probable que participe.

El rol de socio comercial se usa para clasificarlos durante la funcionalidad de SAP.

Los socios más comunes utilizados en el módulo de ventas en distribución son:

- Cliente Vendido a ("Sold-To")* AG * - A quién se venden los productos
- Cliente Destinatario * WE * - A quién se envían los productos * tiene una dirección particular *
- Cliente de Facturación a * RE *: a quién se envía la factura
- Cliente Pagador * RG * - Quién paga la factura

Ejemplo: Imagina que somos una gran cadena minorista (Wal-mint), con tiendas en todo el país, y les vendemos libros SAP.

En nuestro maestro de clientes, podríamos ver algo como esto:

- 10000001 - Vendido a Wal-mint Inc. – Quien nos envía los pedidos
- 50000001 - Enviar a Wal-mint Chicago, IL – Sucursal de Walmint Chicago
- 50000001 - Enviar a Wal-mint Los Angeles, CA – Sucursal de Walmint Los Angeles
- 30000001 - Sede de Facturacion - Wal-mint Corporate, Arkansas – A quien le enviamos la factura
- 40000001 - Pagador - Servicios financieros de Wal-mint, Texas – Quien va a pagar la factura y generar el cheque para pago.

Nota: Los rangos numéricos mencionados aquí son ficticios.

En el proyecto, es posible definir un rango de números diferente de acuerdo a cada grupo de clientes.

.

En este caso, no veremos cómo configurar un nuevo grupo de cuentas, pero le mostraremos cómo crear un nuevo cliente, ya que será necesario para los ejercicios, así como para su empresa o proyecto.

Además, veremos los campos más importantes en el maestro de clientes relevantes para las operaciones de SD.

Funcionalidad – Crear un nuevo cliente

Creating a New Customer	
Ruta de Menú	SAP> Logística> Ventas y distribución> Datos maestros> Socio comercial> Cliente> Crear> Completo
Transacción	XD01

Nota: Si solo estás interesado en crear el cliente para SD, puedes usar la transacción "VD01 - Crear cliente para ventas y distribución".

❖ Ingresa el grupo de cuentas.

Nota: El grupo de cuentas determinará los rangos de números y diseños de pantalla (campos obligatorios / opcionales / ocultos), así como las funciones de socios disponibles para el cliente.

El grupo de cuentas se usa para agrupar tipos generales de clientes.

Los grupos de cuenta más comunes utilizados son:

* Cliente (general): se usa para clientes generales.

* Sucursal: se usa para ventas entre empresas.

* Clientes únicos: se usan para clientes que normalmente no estarían registrados como clientes (ya sea porque la cantidad de ventas es mínima o porque les estamos vendiendo un producto / servicio que normalmente no vende la organización).

Si deseas utilizar un cliente existente como referencia, puedes completar los "campos de referencia".

Como resultado, la mayor parte de la información del cliente original se copiará a la nueva, haciendo que la creación de datos maestros sea más fácil y más rápida.

Nota: Los datos de referencia solo se capturarán si está copiando un cliente existente a un nuevo cliente.

❖ Haz clic en el ícono de ingresar.

El cliente maestro está agrupado en varias pestañas o folders, llamados "vistas".

Normalmente hay entre 13 y 15 vistas activas para los clientes (o más, dependiendo de si estás utilizando una solución industrial específica que requiere información adicional).

Las vistas mínimas que normalmente se necesitan para cada cliente son:
- General
  - Dirección
  - Datos de control
  - Transacciones de pago
- Datos de compañía
  - Gestión de cuentas
- Datos del área de ventas

- Ventas
- Facturación
- Funciones del socio (Partner functions)

A continuación vamos a entrar en detalle de la información contenida en cada vista, cubriendo los datos más relevantes que normalmente se utilizan en un proyecto:

5.1.1.1.Vista General

Como su nombre lo sugiere, la vista general contiene información general para el cliente.

Esta información es común a todas las áreas de ventas del cliente, por lo que si se modifica aquí, cambiará para todas las áreas de ventas.

La primera pestaña o folder, "Dirección", contiene el nombre del cliente, teléfono, fax, correo electrónico, etc.

.

❖ Ingresa los datos generales (nombre, dirección, teléfono) para el cliente y ve a la pestaña (folder) Datos del área de ventas.

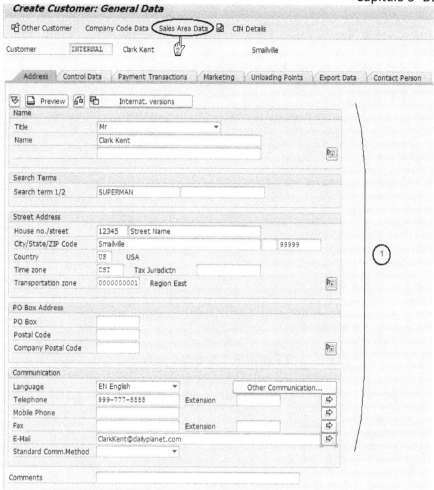

5.1.1.2. Vista de Ventas - Ventas

Esta vista contiene la información correspondiente para las operaciones de ventas relacionadas con SD.

Gran parte de la información ingresada aquí se usará de manera automática en el pedido de venta, por lo que cuanta más información ingreses aquí en el momento de la creación (o actualización) del cliente, se requerirá menos información en el momento del pedido de venta.

Por ejemplo:

Que prefieres: Capturar en 1 cliente una vez sus "Terminos de pago", o teclear cada vez en cada pedido para este cliente los términos de pago que le corresponden?

Create Customer: Sales Area Data

🖼 Other Customer   General Data   Company Code Data   📇 📇

Customer	INTERNAL	Clark Kent		Smallville
Sales Org.	‹			
Distr. Channel	01			
Division	00			

Sales | Shipping | Billing Documents | Partner Functions

Sales order

Sales district	▢	Order probab.	100	%
Sales Office		AuthorizGroup		
Sales Group		Item proposal		
Customer group	02	Acct at cust.		
ABC class		UoM Group		
Currency	USD	United States Dollar	Exch. Rate Type	
☐ Switch off rounding		PP cust. proc.		
Product attributes				

Pricing/Statistics

Price group		
Cust.pric.proc.	1	Standard
Price List		
Cust.Stats.Grp	1	

Agency business

☐ Relevant for agency business   ☐ Doc. Index Active

Customer hierarchy

Hierarchy type			
Higher-level customer			
Valid from	10/11/2016	Valid to	12/31/9999

Campo	Uso
Ventas Distrito / Oficina / Grupo	Puede usarse para establecer precios, determinar la salida (impresiones) y otras validaciones. Se usará como información predeterminada para los pedidos de venta

Grupo de clientes	Grouping of customers. Can be customized for your organization. **Ejemplo**: Government, auto Industry, retail, individual sales.
Clase ABC	Clasificación de "importancia" para un cliente. Nota: Todos los clientes son importantes, pero podríamos tener, por ejemplo: A - Clientes VIP, B - Clientes de estatus plateado, C - Clientes de estado de bronce.
Moneda	La moneda predeterminada para el cliente
Grupo de precios	Una agrupación general que permitirá la creación de precios y promociones (o recargos) específicos para un grupo de clientes. Puede ser adicional al grupo de clientes. Ejemplo: 01 - Comprador frecuente 02 - Comprador ocasional
CustPricingProc	Es necesario para determinar el procedimiento de fijación de precios.
Grupo de estadísticas de clientes	Para obtener información sobre el sistema de información de ventas, se requiere que este campo esté activo, así como el mismo campo en el maestro de materiales.

Create Customer: Sales Area Data

🖷 Other Customer   General Data   Company Code Data   🗏 🗏

Customer	INTERNAL	Clark Kent	Smallville
Sales Org.			
Distr. Channel	01		
Division	00		

Sales / Shipping / Billing Documents / Partner Functions

Shipping

Delivery Priority	☐ 🗗		☑ Order Combination
Shipping Conditions	01	standard	
Delivering Plant			
☐ Relevant for POD			
POD timeframe			

Partial deliveries

☐ Complete delivery required
Partial delivery per item   ☐   Partial delivery allowed
Max. partial deliveries   9
☐ Unlimited tol.
Underdel. Tolerance
Overdeliv. Tolerance

General transportation data

Transportation zone   0000000001   Region East

Campo	Uso
Combinación de pedidos	Permite la combinación de varios pedidos de venta en los mismos envíos. **Nota:** Esto normalmente se hace para optimizar los costos de envío, aunque hay algunos clientes que por razones logísticas / de procedimiento requerirán el envío independiente de sus pedidos.

Prioridad de entrega	Se puede usar para priorizar entregas en el almacén y también para precios. **Ejemplo:** El cliente siempre requiere pedidos prioritarios, por lo que se le cobra una prima adicional por cada orden (en función de este campo). Al procesar los envíos, esto mostrará alta prioridad y el personal del almacén puede recoger / empacar / enviar los productos antes de que otros clientes realicen pedidos.
Condiciones de envío	Cómo los productos se entregan normalmente al cliente. Normalmente será "01 - Estándar" (es decir que entregamos). Otros clientes pueden usar "02 - Recoger" donde se recogen los productos en la planta / oficinas.
Planta de entrega	La planta que enviará los productos para este cliente usualmente. **Ejemplo:** El cliente desea que todos los productos se envíen desde una planta específica porque está cerca de su planta.
Relevante para el marco de tiempo de Prueba de Entrega	Si el cliente requerirá un comprobante de entrega (POD) para enviar la factura. **Nota:** El POD es una transacción separada que no estará cubierta en el alcance de este libro. **Ejemplo:** El cliente desea que un documento de recibo de mercancías impreso sea recogido de su sistema, sellado y firmado en el momento de la entrega.

5.1.1.3. Vista de ventas - Facturación

En esta vista, se ingresará la información relevante para las órdenes de venta y los documentos de facturación.

La información incluida aquí se copiará para el documento de facturación y las facturas.

Esta pestaña también contendrá toda la información de impuestos.

Campo	Uso
Incoterms	Normalmente se utiliza para documentar los términos de envío acordados entre las dos compañías (venta, compra). Estos son términos internacionalmente reconocidos. Ejemplo: DAF (Entregado en la frontera) - (Ciudad) = Entregaremos las mercancías solo hasta el borde, y el cliente se encargará de recoger las mercancías y cruzar el límite, además de organizar las declaraciones de derechos de aduana.

Términos de pago	Cómo el cliente pagará por los bienes / servicios después de que se haya enviado la factura. **Nota:** Normalmente las fechas de pago comienzan a contar desde la fecha de la factura.
Grupo de Asignación de Cuentas.	Clasificación de los clientes que ayudará a determinar la cuenta de ingresos apropiada. Normalmente: 01 - Doméstico (dentro del país) 02 - Exportaciones 03 - Compañías afiliadas Nota: Puedes personalizar para tener valores adicionales, y mediante esta personalización, puedes determinar las diferentes cuentas de ingresos.
Impuestos	Indica si el cliente debe pagar impuestos. En el precio de la orden de venta, el procedimiento de impuestos tendrá en cuenta al cliente y al material para determinar si los impuestos son apropiados o no. Ejemplo: Para un cliente sin fines de lucro (como escuelas, iglesias, etc.), se ha considerado que no pagará impuestos durante el año, aunque compre materiales que normalmente están sujetos a impuestos. Normalmente: 0 - No paga impuestos 1 - Paga impuestos completos 2 - Otro porcentaje de impuestos

5.1.1.4. Vistas de ventas - Interlocutor comercial

Esta vista muestra todos los números de clientes asociados con este cliente. Todos los números son internos, y una vez que se guardan los datos, se actualizará el número de cliente.

Tenga en cuenta que al crear la parte vendida, todas las funciones asociadas aparecen con el mismo número. Sin embargo, puede asociarse a diferentes números de clientes, de acuerdo con las necesidades de la organización.

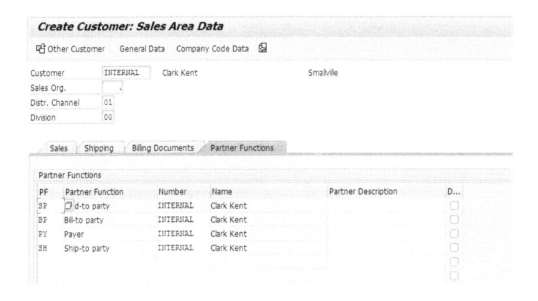

Una vez que se haya guardado el cliente, aparecerá el número automático y todas las funciones asociadas se actualizarán automáticamente.

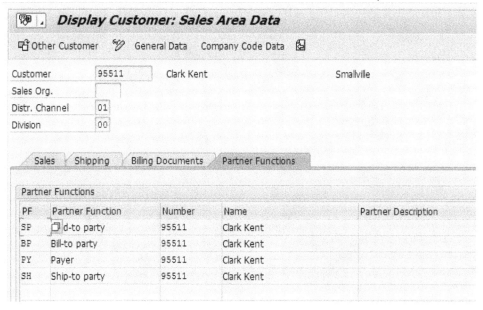

Funcionalidad – Modificación de un cliente existente

Una vez creado, un cliente puede modificarse en la mayoría de los campos disponibles.

Nota: una vez que el cliente tenga pedidos, facturas y datos transaccionales, algunos campos ya no se pueden actualizar.

Modificar un cliente existente	
Ruta de Menú	SAP> Logística> Ventas y distribución> Datos maestros> Socio comercial> Cliente> Cambiar> Completo
Transacción	XD02

Para actualizar al cliente, debes ingresar la identificación del cliente y los datos de la organización.

Dado que el cliente podría haberse replicado en varios códigos de empresa y áreas de ventas, asegúrate de seleccionar el que corresponda.

Si dejas la información sobre el código de la empresa o el área de ventas vacía, la única información que podrás modificar será la de la pestaña General.

.

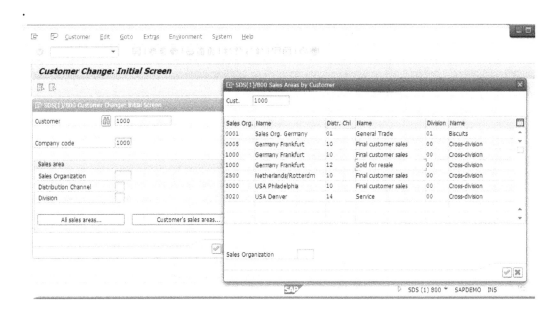

La siguiente imagen muestra la diferencia en las pantallas disponibles con y sin datos de la organización:

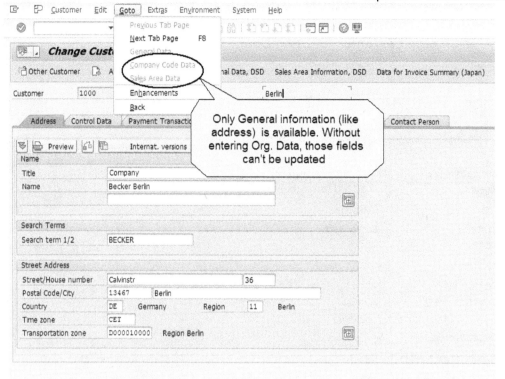

La imagen a continuación muestra cómo actualizar un cliente existente con datos de la organización:

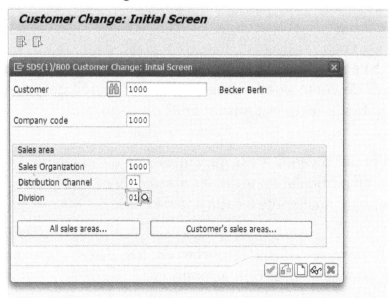

La imagen a continuación muestra toda la información para el código de la compañía y la organización de ventas ingresada:

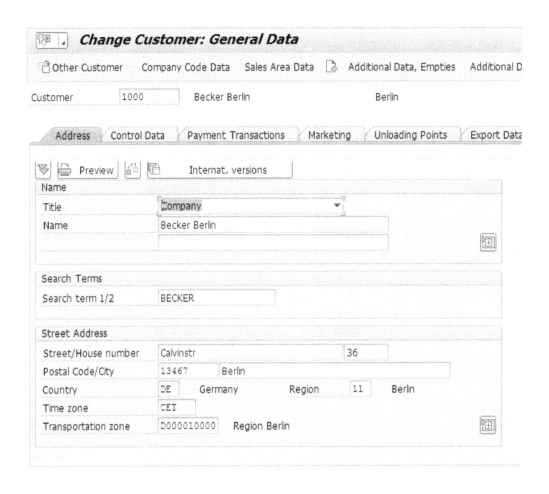

IMPORTANTE: Para cada cliente, la información sobre el código de la compañía y las áreas de venta puede variar, con la excepción de datos generales como nombre, dirección, transacciones de pago, etc.

Si el cliente se "extiende" a varias áreas de ventas y se debe realizar un cambio a un campo en particular en todas las áreas de ventas, el mismo cambio se debe hacer manualmente a cada una de ellas.

Esto es importante porque estas diferencias en los datos maestros pueden crear inconsistencias en las operaciones.

❖ Una vez que hayas actualizado la información deseada, guarda los cambios.

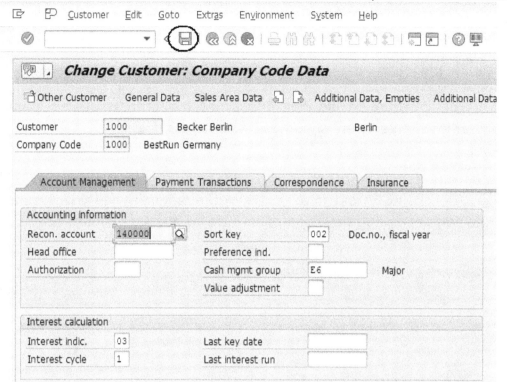

IMPORTANTE: Los cambios tendrán efecto una vez que se guarden, y cualquier documento creado después de eso se tomarán en consideración.

Cualquier documento creado antes de la actualización del cliente no reflejará esos cambios.

Funcionalidad – Visualizar un cliente existente

Modifying an Existing Customer	
Ruta de Menú	SAP> Logística> Ventas y distribución> Datos maestros> Socio comercial> Cliente> Pantalla
Transacción	XD03

Para mostrar un cliente existente, usa la transacción XD03.

En el modo de visualización, no se pueden realizar cambios en los datos maestros, pero podrás visualizar todos los valores registrados en los campos.

Esto es útil porque en algunos ambientes, no tendrás acceso para actualizar los clientes, pero si podrás visualizar sus datos.

Al igual que con la transacción de actualización, deberás ingresar el número de cliente y los datos de la organización si deseas mostrar información del código de la compañía y de las áreas de ventas.

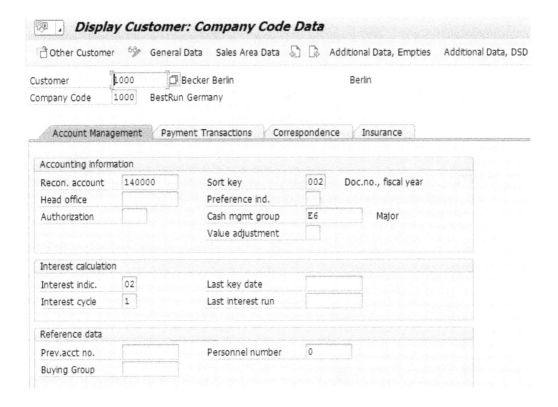

Esta transacción muestra los cambios que han sufrido los datos maestros de un cliente.

Esto es importante porque puede ser necesario realizar un seguimiento de cuando se realizó un cambio particular a un cliente, cuál fue el valor original y quién hizo este cambio.

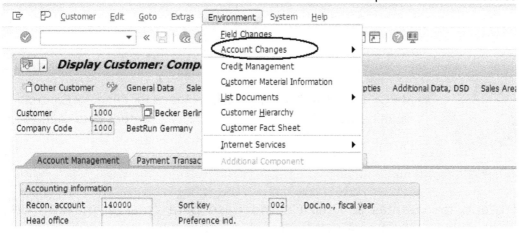

Ejemplo:

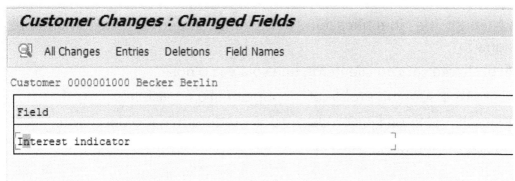

❖ Haz doble clic en el campo para ver los detalles del cambio (los valores nuevos y antiguos).

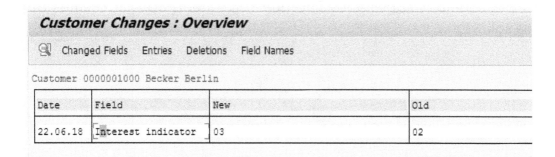

Configuración – Creación de nuevos grupos de cuentas de clientes

Creating an Account Group	
Ruta de Menú	SPRO> Logística General> Socio comercial> Cliente> Control> Definir grupos de cuentas y selección de campos para clientes
Transacción	OVT0

El grupo de cuentas se utiliza como base para crear el maestro de clientes y los procedimientos de determinación del socio.

El grupo de cuentas controla:

• Número de identificación del cliente (interna o externamente asignado)

• Si el cliente será un cliente de una sola vez o no.

• Campos disponibles (obligatorio, opcional o no visible).

• Procedimiento de fijación de precios predeterminado del cliente.

• Socios disponibles.

Como se menciona en la sección de funcionalidad (Sección 4.1.1), hay varios grupos disponibles con SAP estándar, y si necesitas crear uno nuevo para tu empresa, puedes hacerlo copiando uno de los originales.

En este ejemplo, copiaremos uno nuevo para el grupo de clientes de una sola vez.

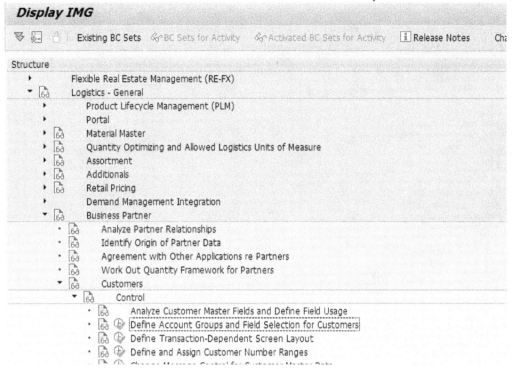

Ejemplo: Tu empresa ya está en funcionamiento y normalmente tiene un grupo de cuentas para clientes habituales.

Ahora, surge un nuevo requisito para identificar a los clientes de una feria comercial. Se definirán como "clientes únicos" y no se considerarán parte de su grupo habitual de clientes.

En este caso, copiaremos el "CPD estándar" grupo de clientes únicos y crearemos "ZCPD - expo grupo de clientes únicos".

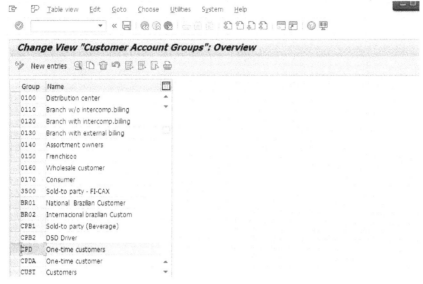

❖ Después de seleccionar el grupo de clientes que se utilizará como referencia, selecciona el botón "Copiar" y asigna los nuevos datos al grupo de clientes.

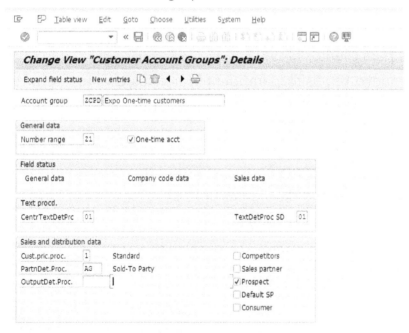

❖ Una vez que se ha capturado toda la información, guarda los cambios.

5.2. PRODUCTOS

Usos y Funcionalidad

El maestro de materiales es un dato central que está disponible en todos los niveles y contiene todos los materiales que una empresa adquiere, produce o vende.

Puede incluir materiales tangibles o materiales intangibles (como servicios vendidos o comprados).

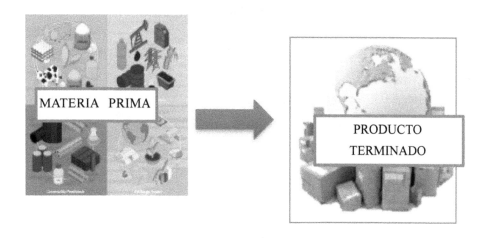

Hay diferentes tipos de materiales y se usan para varias operaciones en la empresa. Ejemplos de estos incluyen materias primas (ROH), productos semi-terminados   (HALB), productos terminados (FERT), materiales de empaque (VERP) y servicios (DIEN).

La configuración de las diferentes vistas, rangos de números de materiales, etc. normalmente se cubre en el módulo Gestión de materiales, por lo que estos temas no se tratarán en este libro, y solo se incluyen los campos relevantes para la funcionalidad de ventas y distribución.

En este caso, no se cubrirá cómo configurar el maestro de materiales, pero veremos   cómo crear un nuevo material, ya que será necesario para los ejercicios, así como para tu empresa o proyecto.

Funcionalidad – crea un nuevo material

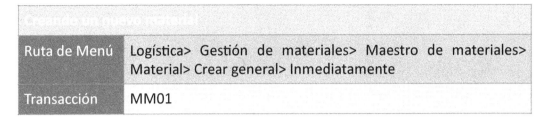

Creando un nuevo material	
Ruta de Menú	Logística> Gestión de materiales> Maestro de materiales> Material> Crear general> Inmediatamente
Transacción	MM01

Los materiales individuales se pueden crear de la siguiente manera:

Ingresa el sector de la industria que mejor se adapte a su empresa y al tipo de material, luego selecciona el ícono de ingresar.

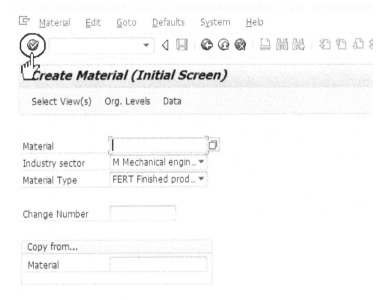

Antes de continuar, es importante recordar lo siguiente:

Los materiales se pueden crear de dos maneras: la más compleja (Opción A) y la manera fácil (Opción B)

Opción A: crear un material nuevo, sin referencia

• En este caso, todos los campos requeridos estarán en blanco y deberán llenarse para que el material se guarde y se cree uno nuevo.

Nota: cuando empieces a crear materiales por primera vez, deberás comenzar con esta opción.

Se recomienda crear al menos un material por cada uno de los tipos de materiales que usarás en el futuro, para que puedas usar la forma más fácil y rápida con la opción B.

Opción B: crea un nuevo material, copiando de uno existente

• En este caso, todos los campos del material original se copian en el nuevo y puedes cambiar cualquier información que necesite actualizarse.

• Una vez que se llenan los campos obligatorios, puedes guardar el nuevo material.

Nota: Cualquier cambio realizado en el nuevo material no afectará el material original. El material de origen solo se toma como referencia para evitar escribir información repetida.

En cualquier caso, una vez que determines la forma en que creará el material (con o sin referencia), necesitas saber cómo se han configurado los rangos de números para los materiales, ya que es posible que debas ingresar el ID del material.

Configuraciones posibles para el identificador (ID):

• Asignado manualmente:

  • El usuario determina el número de identificación del material o la combinación alfanumérica, de acuerdo con cualquier convención de lógica o nomenclatura permitida en el sistema y dentro de su empresa.

  En este caso, al crear el material, debes asignar manualmente la identificación adecuada para el material.

  o Ejemplos: FG0000001, RAW456, R2D2-C3P0, DOGANDCAT.

• Asignado automáticamente por el sistema (recomendado por SAP):

  • El sistema asigna automáticamente el siguiente número consecutivo dentro del tipo de material.

Nota: Se podrían haber creado diferentes rangos numéricos para facilitar la identificación de los tipos de materiales.

o En este caso, deja el número de identificación del material en blanco (ya que el sistema asignará el número al guardarlo).

o Ejemplos: 50000000000, 9000000000, 8000001, etc.

5.2.2.1. Selección de las vistas de material

El maestro de materiales tiene cientos de campos que se pueden incluir como información detallada para el material.

Los campos relacionados se organizan en grupos llamados "vistas" para una mayor organización.

Cada tipo de material tendrá vistas particulares que podrían no estar disponibles para otros tipos de materiales.

Ejemplo:

- Los tipos de materia prima suponen que normalmente utilizará estos materiales como parte del proceso de producción y que no se venderán, por lo que normalmente no tienen acceso a las vistas de ventas.

- Un material que se compra y se vuelve a vender (de compra-venta) supone que no formará parte del proceso de producción, por lo que no tiene vistas de programación de trabajo o producción, o requerimiento de materiales.

❖ Al crear el material, selecciona las vistas apropiadas para tu tipo de material y operaciones.

Como mínimo, un material necesita las siguientes vistas para usarse en SD:

• Vista básica.

• Vistas de ventas (1, 2 y Ventas / Planta).

- Vista de contabilidad.

- Vista de planta (si tiene stock).

- Vista de ubicación de almacenamiento (si tiene stock).

❖ Selecciona el ícono de ingresar.

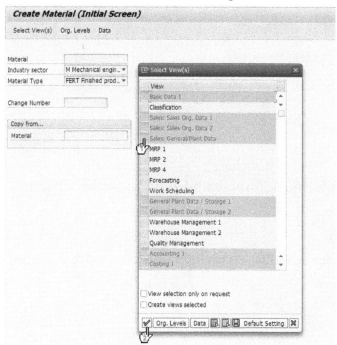

Si normalmente usarás solo ciertas vistas, haz clic en el icono Guardar configuración predeterminada, y las vistas seleccionadas aparecerán seleccionadas la próxima vez que crees un material nuevo.

Nota: Esto debe usarse antes de seleccionar el ícono de ingresar.

5.2.2.2. Datos organizacionales

Después de las vistas, debes ingresar los datos de la organización del material (para qué plantas y organización de ventas el material será válido).

❖

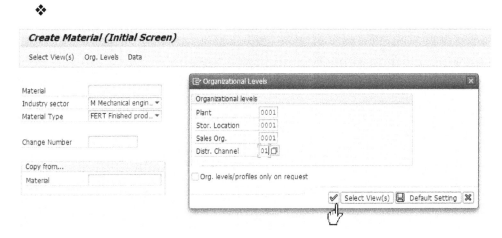

5.2.2.3. Vista general

La vista general contiene información relevante para todas las plantas y áreas de ventas.

Para los campos marcados en amarillo, se incluye una breve descripción.

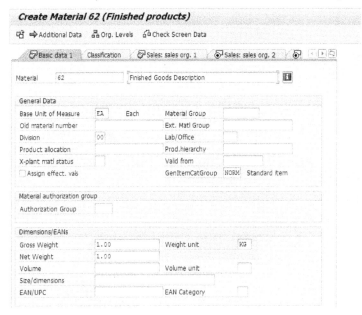

Campo	Uso
Unidad base de medida	La unidad base para el cálculo de costos, así como el seguimiento del inventario y la valoración del inventario
División	El material solo puede tener una división. Esto es parte del área de ventas
GenItemCatGroup	Esto se usará para determinar la categoría del artículo para los documentos de ventas
Peso bruto	se utilizará en los datos de envío y las impresiones
Peso neto	Peso del producto, incluido el paquete

5.2.2.4. Vista de ventas 1

En la Vista de ventas 1, puedes ingresar la información básica relacionada con las ventas. Esta información puede ser exclusiva de la combinación de organización de ventas / canal de distribución, si es necesario.

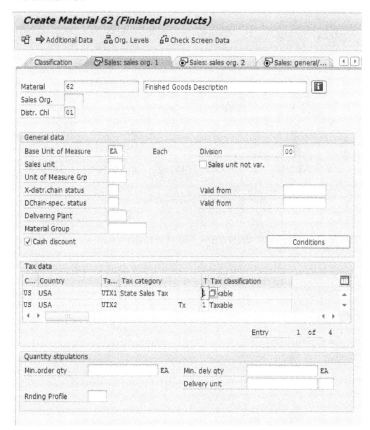

Los campos marcados en amarillo son necesarios para la operación SD, u opcionales, pero útiles para saber.

Campo	Uso
Unidad de medida base	Copiada de la vista general
División	copiada desde la vista general
Unidad de ventas	Unidades de medida alternativas para el producto. Muy útil cuando tienes un producto que venderás en una presentación diferente a la unidad de medida base. **Ejemplo:** la unidad de medida base es EA, pero este producto se vende solo por docenas. Luego ingresa aquí una DZ, y el sistema te solicitará una confirmación de cuántas piezas equivale una DZ. **Nota:** solo ingresa una unidad de medida de ventas si difiere de la unidad de medida base.
Planta de entrega	Planta que normalmente entregará la mercancía

Impuestos	Ingresa aquí si el producto está sujeto a impuestos, y los tipos de impuestos que se le pueden aplicar (puede ser federal, estatal, jurisdiccional, etc.)
	Normalmente:
	0 no es relevante para impuestos
	1 es impuesto al 100% (la tasa se define en el procedimiento de fijación de precios)
	{Otros valores} son otras tasas de impuestos (Ejemplo: 50% impuestos debido a la zona libre de impuestos, etc.)

5.2.2.5. Vista de ventas 2

Para la vista de ventas 2 los campos más relevantes también están marcados.

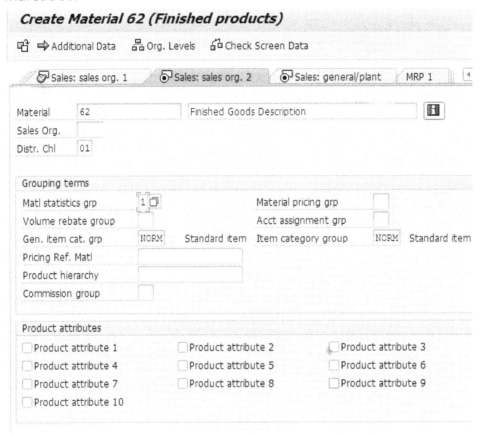

En este caso, los campos para el grupo de determinación de precios de material y el grupo de asignación de cuentas son opcionales.

Campo	Uso
G r u p o d e estadísticas de materiales	Este campo (en combinación con el grupo de estadísticas de clientes) se utilizará para acumular los valores de ventas para los reportes consolidados en el Sistema de información de ventas (SIS)

Grupo de precios de materiales	Puede usarse como parámetro para determinar nuevas condiciones de precios o tasas **Ejemplo:** asignamos el material a un grupo de precios "01 - Súper descuento" (que en este ejemplo serán mis productos que están a punto de quedar obsoletos). Luego creamos una promoción con un "descuento del 65%" en el grupo de precios 01. Como resultado, todos los materiales con este grupo de precios pueden obtener un descuento del 65% (en lugar de crear un descuento del 65% por cada material)
Grupo de asignación de cuentas	Este grupo se puede usar a través de la configuración para determinar diferentes cuentas de ingresos para finanzas.
Grupo de categoría de artículo	El campo es necesario para determinar la categoría de artículo en los documentos de ventas
GenItem Cat Group	Solo se usa si no se ingresa nada en el campo de grupo de categorías de artículos. Si esto se aplica, el valor en este campo se toma como predeterminado.
Atributos del producto 1 - 9	Este campo no tiene ninguna función en particular, y se pueden definir con cualquier valor que la empresa requiera (para el precio, por ejemplo). **Ejemplo:** En un proyecto en particular, utilizamos todos los atributos para indicar si el material debía o no imprimirse en la factura (algunos no), si era relevante para la interface del sistema X o Y, etc.

5.2.2.6. Ventas / Plant

La vista Ventas / Planta son datos que están relacionados con una planta en particular. Los campos más relevantes son los siguientes:

Create Material 62 (Finished products)

🔲 ➡Additional Data   🔳Org. Levels   🔳Check Screen Data

| Sales: sales org. 2 | Sales: general/plant | MRP 1 | MRP 2 | MRP 4 | F. | ◀ |

Material 62 — Finished Goods Description 🔳
Plant

General data

Base Unit of Measure EA — Each — Replacement part ☐
Gross Weight 1.00 KG — Qual.f.FreeGoodsDis. ☐
Net Weight 1.00 — Material freight grp ☐
Availability check 02 — Individ.requirements — ☐ Appr.batch rec. req.
☐ Batch management

Shipping data (times in days)

Trans. Grp 0001 — LoadingGrp 0001
Setup time — Proc. time — Base qty — EA

Packaging material data

Matl Grp Pack.Matls

General plant parameters

☐ Neg.stocks — Profit Center — SerialNoProfile — DistProf
SerializLevel

Campo	Uso
Verificación de disponibilidad	Revisa la disponibilidad del producto para la confirmación de fechas de envío
Administración de lotes	Si esto está marcado, significará que el producto se maneja en lotes
Grupo de transporte	Se utiliza para agrupar materiales que se envían de manera similar (esto se usa más adelante en el proceso de envío)

Grupo de carga	Se utiliza para agrupar materiales que se recogen de manera similar (esto se usa para el proceso de selección y empaque)
Materials empaque	Se utiliza para determinar si el material requiere un material de empaque específico o una secuencia de instrucciones de empaque.
Centro de beneficio	Las ventas de este material se informarán en este centro de beneficio (solo si los centros de beneficio están activos para la implementación)

5.2.2.7. Vista de ubicación de la planta / almacenamiento

La información relevante para la vista Ubicación de la planta / almacenamiento se copia de las pantallas anteriores en SD, por lo que no se analizará aquí.

8. Vista de contabilidad

La vista Contabilidad incluye la siguiente información sobre el material:

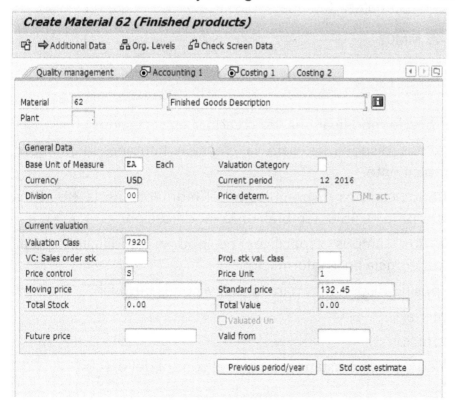

Campo	Uso
C l a s e d e valoración:	Una clasificación que determinará la cuenta financiera en la que se registrara el valor de los movimientos de inventario realizados
C o n t r o l d e precios	"S" - Estándar / "V" - Precio promedio móvil
U n i d a d d e precio	Número de unidades a las que se refiere el precio Ejemplo: • 1 EA de Notebook = $ 1,500, luego el precio unitario es 1, Precio estándar = $ 1,500 • 1000 EA de Chip = $ 10, luego el precio unitario es 1000, precio estándar = $ 10

Funcionalidad – Modificar un material

Changing a New Material	
Ruta de Menú	Logística> Gestión de materiales> Maestro de materiales> Material> Modificar> Inmediatamente
Transacción	MM02

El material se puede modificar una vez creado si es necesario.

Las mismas vistas disponibles para la creación también se pueden actualizar normalmente.

La mayoría de los campos disponibles en el momento de la creación estarán abiertos para cambiar también en la modificación.

Sin embargo, los campos específicos no podrán modificarse para mantener la coherencia en la información:

Algunos campos no disponibles para modificaciones incluyen:

• Número material

• Control de precios

• Precio promedio móvil o estándar (según el control del precio)

❖ Para modificar un material, captura el Numero de material y presiona enter.

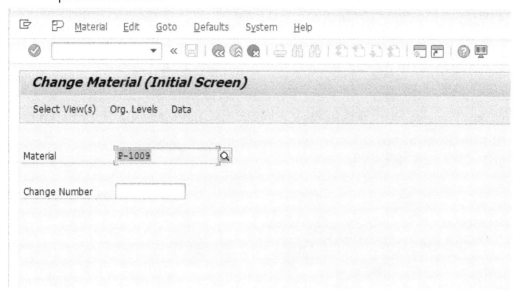

❖ Después de eso, selecciona la (s) vista (s) que deseas actualizar:

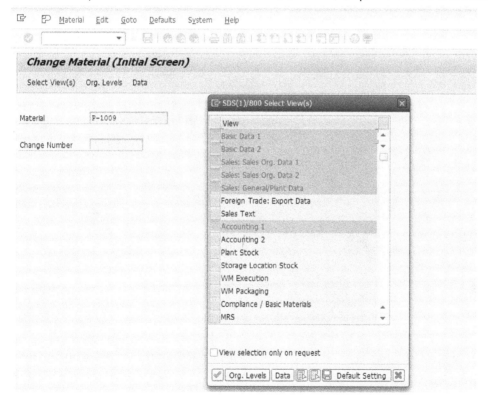

Nota: Si una vista particular no se seleccionó en el momento de la creación inicial, la vista NO se puede modificar. Primero tendrá que crearse en la función "Crear material" (MM01 - ID de transacción).

❖ Después de eso, registra la información de la compañía

Si no se ingresa esta información, solo verás datos de modificación disponibles que se aplican generalmente a todas las estructuras organizacionales diferentes.

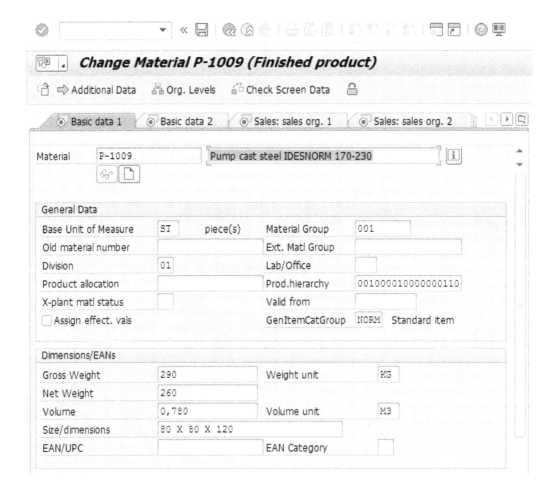

❖ Después de realizar los cambios necesarios, selecciona el ícono de guardar.

Funcionalidad – Visualización de un material

Mostrando un material	
Ruta de Menú	Logística> Gestión de materiales> Maestro de materiales> Material> Visualizar > Inmediatamente
Transacción	MM02

En el modo de visualización, puede ver toda la información del material en cualquiera de las vistas seleccionadas; sin embargo, no hay nada disponible para actualizar.

En muchos proyectos, la mayoría de los usuarios tienen acceso para mostrar el maestro de materiales si es necesario, pero solo unos pocos podrán actualizar / crear nuevos materiales.

❖ Para visualizar el material, ingresa el número de material, las vistas que deseas mostrar y los datos de la organización.

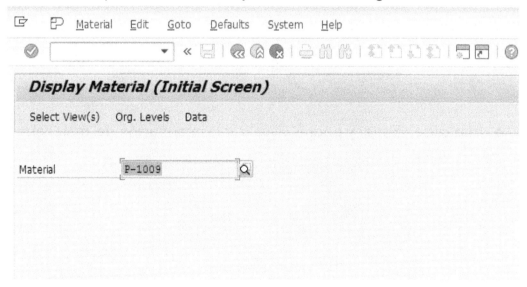

Al igual que con la creación y la visualización, solo verás la información disponible para las vistas y los datos creados / seleccionados.

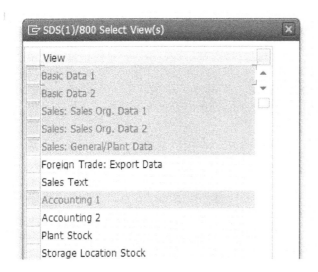

❖ Haz clic en Entrar y podrás visualizar la información del material.

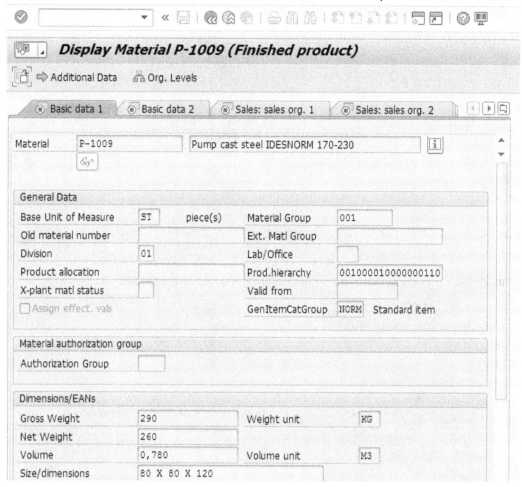

❖ Para salir de la pantalla del material, haz clic en el botón Atrás o sube en la barra de navegación.

Configuración – Crear un nuevo grupo de transporte

Crear un nuevo grupo de transporte	
Ruta de Menú	SPRO> SD> Funciones básicas> Rutas> Determinación de ruta> Definir grupos de transporte
Transacción	N/A

Los grupos de transporte se utilizan en el envío para determinar qué materiales se deben agrupar para el transporte.

Ejemplo: supongamos que hay tres productos diferentes para enviar. Si todos ellos tienen el mismo grupo de transporte, pueden incluirse en la misma entrega y envío.

SAP proporciona los siguientes métodos de transporte disponibles:
- 0001 - En plataforma (pallets)
- 0002 - En forma líquida

Si los grupos de transporte disponibles no satisfacen tus necesidades, para crear uno nuevo.

Lo más sencillo es copiar uno de los grupos de transporte estándar.

❖ Selecciona el grupo de transporte original para copiar y selecciona el icono de copia.

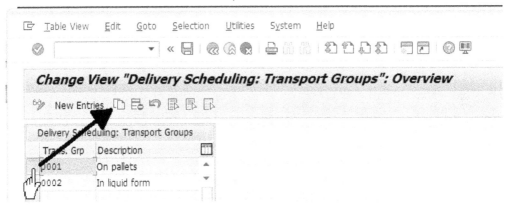

❖ Ingresa la nueva ID y descripción del grupo de transporte.

Configuración – Crear un nuevo grupo de carga

Crear un nuevo grupo de carga	
Ruta de Menú	SPRO> Logistics Execution> Shipping> Basic Shipping Functions> Definir grupos de carga
Transacción	SPRO

Al igual que los grupos de transporte, los grupos de carga te ayudan a agrupar los materiales que deben cargarse juntos para el embarque.

También lo ayudarán a determinar el punto de embarque.

Si los grupos de carga disponibles no satisfacen tus necesidades, para crear uno nuevo, lo más sencillo es copiar uno de los grupos de carga estándar.

❖ Selecciona el grupo de carga original y selecciona el ícono de copia.

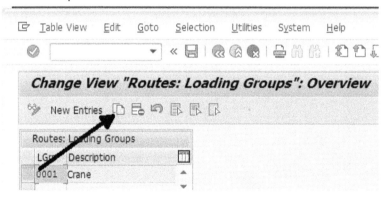

❖ Ingresa la nueva ID y descripción del grupo de carga

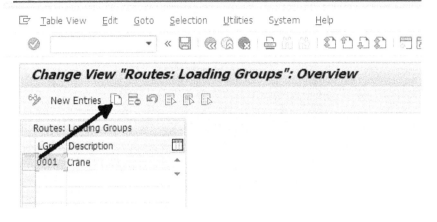

❖ Guarda tus cambios.

5. EJERCICIOS

- Crea dos clientes nuevos para su código de empresa y área de ventas recientemente creados (utilizando un grupo de cuenta de cliente estándar)
    - o Número generado por el cliente número 1: _____
    - o Número generado por el cliente número 2: _____
- Crea un nuevo grupo de transporte: _____
- Crea un nuevo grupo de carga: _____
- Crea dos materiales nuevos (escriba FERT) para su planta y área de ventas.
    - o Número generado del material número 1: _____
    - o Material No. 2 (con una unidad de medida alternativa para la vista de ventas): _____
    - o o Asigna a su nuevo material el nuevo grupo de transporte: _____
    - o o Asigna a su nuevo material el nuevo grupo de carga: _____
- Crea un nuevo grupo de cuenta de cliente (similar al grupo "Vendido")
    - o Nuevo grupo de cuenta # _____
- Crea un nuevo cliente con el nuevo grupo de cuentas.
    - o Nuevo número generado por el cliente: _____

6. PRECIOS Y CONDICIONES

6.1. USOS Y FUNCIONALIDAD

El concepto de determinación de precios se utiliza para calcular los precios finales de nuestros productos o servicios.

Dentro del módulo de Ventas y distribución, es una de las funcionalidades más complejas, y es por esto que tiene su propio capitulo determinado.

Afortunadamente, una vez que los conceptos queden claros en este capítulo, será posible entender otros procesos similares que utilizan la misma lógica.

Muchos factores influirán para determinar el precio final.

Por ejemplo: la lista de precios del cliente, materiales, lista de precios de los materiales, recargos, descuentos, etc.

Ejemplo: Imagina que existen los siguientes factores para determinar precio en una empresa:

Si alguien ingresa un pedido de venta de 10 tazas de helado, nuestro cálculo del precio será el siguiente:

Precio base = $ 5.00 x 10 unidades = $ 50.00

Descuento = 20% = ($ 50 X 0.2) = - ($ 10.00)

Subtotal = $ 40.00

Impuestos = 10% (sobre el subtotal) = $ 40 x 0.1 = $ 4

Total = Subtotal + Impuestos = $ 44.00

En esta sección te mostraremos cómo registrar los datos maestros para los precios, y en la sección de configuración vamos a ver cómo crear nuevas condiciones y como se usan para llegar al precio final deseado.

SAP por estándar ya incluye "conceptos de precios" predefinidos, tales como precios base, recargos, descuentos, etc. llamados "tipos de condición" o comúnmente conocidas como "condiciones".

Aquí se incluye una lista de las condiciones más comunes normalmente utilizadas en precios.

Con estas condiciones mínimas, ya es posible establecer un esquema básico de precios.

Condición	Descripción	Tipo	Base de cálculo
PR00	precio base	Precio	Fijo
IV00	Precio intercompañía	Price	Fijo
HD00	Flete	Sobrecargo	Fijo
MWST	Impuestos	Impuestos	Porcentaje
HB00	Descuento Fijo	Descuento	Fijo
HA00	% Descuento	Descuento	Porcentaje

Producto	Precio Base	Descuento	Impuestos
Producto 1 (vasos de helado)	$5	20% (solo en meses de invierno)	10 %

Para cada una de las condiciones, hay varias formas de determinar el precio.

- Valor fijo: el precio se registra directamente
- Basado en la distancia: Ejemplo. $ 0.40 / mi.
- Basado en el peso: Ejemplo. $ 1.00 / lb
- Basado en formula: los cálculos se realizan a base de fórmulas especializadas para determinar el precio final de esta condición particular.

Todos estos conceptos se agrupan en un conjunto de cálculos llamado "procedimiento de cálculo". Básicamente son todos los pasos que el sistema debe seguir para alcanzar el precio final.

Los procedimientos de cálculo básicos y más comunes ya están definidos en el sistema estándar, y son suficientes para comenzar a trabajar con ellos.

6.2. FUNCIONALIDAD – REGISTRAR UN NUEVO PRECIO

Registrando un nuevo precio	
Ruta de Menú	Logística> Ventas y distribución> Datos maestros> Condiciones> Seleccionar usando tipo de condición> Crear
Transacción	VK11

La funcionalidad para ingresar un precio, descuento o recargo te permitirá registrar una nueva condición de precio para tus productos o servicios.

- Selecciona el concepto (tipo de condición) para el que deseas ingresar el precio y selecciona el ícono de ingresar.

En este ejemplo, verás cómo ingresar el precio base del material.

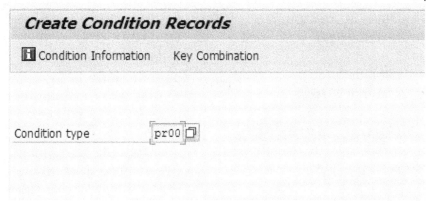

Después de esto, las posibles combinaciones (secuencias de acceso) aparecerán para ingresar el precio.

❖ Elige la combinación que desees y selecciona el ícono de ingresar.

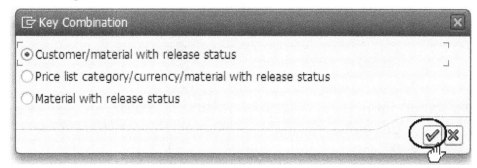

Nota: En este ejemplo, puedes ingresar el precio base en función de los siguientes ejemplos de cada una de las combinaciones:

Llave	Ejemplo	Precio	Comentarios
Cliente - **Material**	Material 1234 / Cliente ABC	$25.00	Normalmente se usa si se usan algunas combinaciones o si se da un precio específico por excepción a un cliente en particular
	Material 1234 / Cliente XYZ $ 25.00	$28.00	

Lista de precios / Lista de precios de materiales	Lista de Precios 01 / Material 9876	$120	Esta lista de precios estará asociada al cliente.
	Lista de precios 02 / Material 9876 *(Mismo material, diferentes listas de precio)*	$150	Todos los clientes que pertenezcan a la lista de precios 01 y compren el material 9876 obtendrán un precio de $ 120, mientras que los clientes que comprarán el mismo material, pero que pertenezcan a la lista de precios 02, tendrán una tarifa de $ 150
Material	Material 4567	$99.99	Esto aplicará a todos los clientes que compren el material, independientemente de la lista de precios.

Es posible tener información para el mismo material en las tres combinaciones, y dependiendo de la configuración, el sistema podría incluir los tres precios en el cálculo o detenerse en la primera opción.

Siempre que sea posible, intenta crear los precios en el nivel más general (a través de agrupaciones, listas de precios, etc.). De lo contrario, el mantenimiento de los datos se convierte en una tarea muy engorrosa de mantener.

Imagina que tu empresa tiene 500 artículos para vender y 100 clientes.

Si deseas mantener los precios a nivel de cliente / material, deberás mantener los precios para 50,000 registros!

Para este ejemplo, debes ingresar la organización de ventas, el centro de distribución, el material y los siguientes datos: cantidad, unidad, por unidad de medida y fechas de validez.

Nota: Las fechas de validez son muy importantes, ya en el pedido y facturas, los precios de venta se tomaran de acuerdo a la fecha de precio.

Ejemplo:

Precio $ 1,000 USD (Del 01/Ene/2019 al 30/Abr/2019)
Precio $ 1,500 USD (Del 01/Jun/2019 al 31/Dic/2019)

Si ingresamos un pedido el 15/May/2019, el sistema no encontrará un precio válido.

Si ingresamos un pedido el 31-Marzo-2019, el precio sera de $1,000 dll
Sin embargo, el precio 02/Jun/2019, el precio será de $1,500 USD.

No es posible ingresar dos registros de precios para la misma combinación con diferentes fechas en la misma transacción. Si deseas ingresar precios diferentes para todo el año (como en nuestro ejemplo anterior), deberás ingresarlos uno a la vez, repitiendo VK11 con las diferentes fechas de validez.

La siguiente funcionalidad adicional está disponible:

Boton	Función	Botón	Función
	Muestra la información del encabezado para las condiciones		Muestra los detalles de la condición, así como si hay algún límite, y cómo se calcula la condición (valor fijo, en función de la distancia, etc.) **Ejemplo:** podemos tener un precio por km.
	Datos adicionales para la condición Escalas		Puede ingresar precios diferentes de acuerdo con un valor de escala. Ejemplo: 1 - 1 dz = $ 25.99 dlls 13 - 100 = $ 20 dlls 100 - 1000 = $ 18.99 Más de 1000 = $ 16.50
	Condiciones adicionales (descuentos, recargos) que se aplicarán automáticamente siempre que la condición de precio actual esté activa		Permite agregar un rango de fechas y precios para estas fechas. Supongamos que vendemos un "Dron" **Ejemplo:** Temporada alta (noviembre - enero) para navidad = $ 100 Temporada media (julio - octubre) verano= $ 95 Temporada baja (feb - jun) = $ 93

Boton	Función	Botón	Función
	Te permitirá ingresar bienes gratuitos siempre que se aplique la condición registrada. **Ejemplo:** Vendemos drones, y cada vez que un cliente compra 1 artículo, le damos una "memoria USB". Luego, ingresaremos el código de este material como un texto libre de buena condición.		Textos adicionales que se pueden agregar para la condición. Más tarde, estos textos se pueden imprimir si es necesario
	¿Cuáles son las combinaciones "clave" para estas condiciones?		Valores de orden acumulativos (o valores de facturación)
	Key What are the "Key" combinations for this conditions		Muestra los valores para todas las órdenes de venta o documentos de facturación que han usado esta condición
	Muestra una visión general de los registros de condición		

Funcionalidad – Modificar un precio existente (Registro de condición)

Registrando un nuevo precio	
Ruta de Menú	Logística> Ventas y distribución> Datos maestros> Condiciones> Seleccionar usando tipo de condición> Actualizar
Transacción	VK12

Para modificar un registro de condición existente, usa la transacción VK12.

En esta transacción, podrás actualizar los precios de las condiciones.

Si el cambio que se realiza es un nuevo valor permanente para el precio base, el descuento o el recargo, se recomienda utilizar la funcionalidad "crear", ya que puede crear un nuevo precio para un día diferente.

Esto te permitirá realizar un seguimiento de todos los cambios de precios a través del tiempo.

La funcionalidad de "actualización" está disponible, pero no realiza un seguimiento de los cambios realizados en el tipo de condición.

❖ Para este cambio, necesitarás saber el tipo de condición y la fecha de validez que deseas actualizar. Introdúcelos y haz clic en entrar.

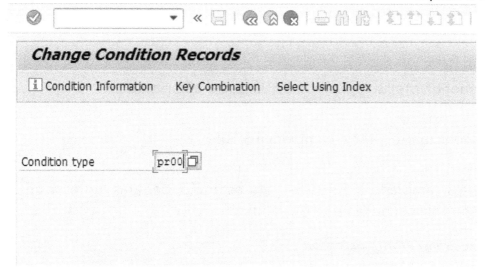

❖ Después de esto, ingresa la combinación de teclas para el precio.

Nota: si necesitas actualizar la condición en las diferentes opciones, deberás repetir esta operación para cada una de las posibles combinaciones de teclas

❖ Una vez que selecciones la combinación adecuada, haz clic en entrar.

❖ En la siguiente pantalla, ingresa la información correspondiente.

Parte de la información será obligatoria y deberá registrarse para poder continuar con la actualización del precio.

Además, la fecha de validez es importante, ya que podría haber precios diferentes según la fecha.

Ejemplo:

Podría tener un precio regular de $ 100 por el año pasado.

Para el año actual, el precio cambiará a $ 105.

Si necesitas cambiarlo a $ 105.5 para este año, deberás ingresar una fecha dentro de la nueva fecha de validez.

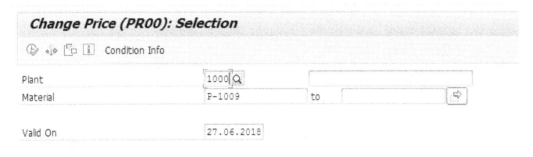

Funcionalidad – Visualización de un precio existente (registro de condición)

Registering a New Price	
Ruta de Menú	Logística> Ventas y distribución> Datos maestros> Condiciones> Seleccionar usando tipo de condición> Pantalla
Transacción	VK13

Para mostrar un registro de condición existente, usa la transacción VK13.

❖ Para que se muestre esta información, ingresa el tipo de condición (precio, descuento, etc.) y haz clic en ingresar.

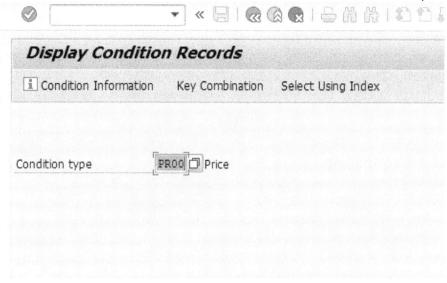

❖ Después de eso, selecciona la combinación para la que deseas mostrar los precios.

❖ Una vez que hayas indicado las combinaciones de condiciones, registra la información, ingresando los campos obligatorios.

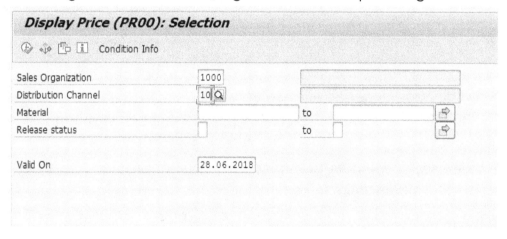

❖ Después de ingresar los datos requeridos y la fecha de validez, selecciona el botón.

Verás todos los precios ingresados para la combinación particular
En esta pantalla, podrás visualizar la información de los precios.

IMPORTANTE: esta lista e información no se pueden descargar directamente a un archivo. Si necesitas la información para sus registros, la siguiente sección te indicará cómo obtener una lista de precios seleccionada.

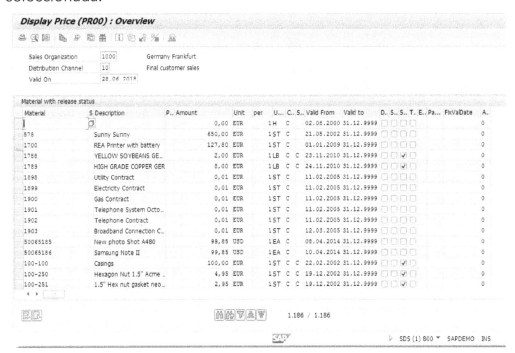

A la derecha, las siguientes columnas son estándar independientemente de la combinación de teclas seleccionada:

• Tipo de cálculo: cómo se calcula el precio (porcentaje, monto fijo, fórmula, etc.).

• Base de escala: cómo se basan las escalas (si el producto las tiene) (valor, peso, cantidad, etc.).

• Válido desde: indica la fecha en que el precio de la condición comienza a ser "activo".

• Válido para: indica la fecha en que la condición terminará siendo "activa".

Nota: Si el precio se ingresa en una fecha que no está dentro de la fecha de validez, el precio no se incluirá en los cálculos del precio final en los documentos de ventas (pedidos de venta, facturas, etc.).

• Eliminación: si la columna está marcada, la condición particular está marcada para su eliminación.

• Suplementos: si la columna está marcada, la condición tiene condiciones "suplementarias".

Nota: Los suplementos por condición son condiciones adicionales relacionadas con esta condición en particular. Si se aplica esta condición, todas las demás condiciones se aplican automáticamente también.

• Textos: si la columna está marcada, la columna tiene texto largo almacenado.

6.3. CONFIGURACIÓN

La configuración de determinación de precios es uno de los procesos más importantes y complejos de ventas y distribución, por lo que el proceso lógico se tratará en detalle.

Una vez que comprendas cómo SAP determina los precios, puedes seguir un procedimiento similar para otros procesos de determinación como la determinación de cuentas, determinación de textos, determinación de impresoras, etc.

Los procedimientos se cubrirán desde los elementos más simples hasta los más complejos:

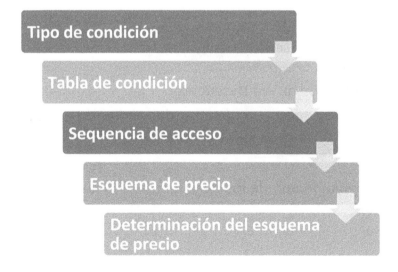

Configuración – Tipo de condición

Crear un nuevo grupo de transporte	
Ruta de Menú	SPRO> SD> Funciones básicas> Determinación de precios> Definir tipos de condición> Mantener tipos de condición
Transacción	SPRO

En primer lugar, debes determinar todos los conceptos posibles que conformarán el precio final, incluidos el precio base, los cargos adicionales, descuentos y los impuestos.

Casi todos los conceptos que afectan el precio requerirán un tipo de condición específico.

Imagina que cada uno de esos conceptos se incluye en una hoja de cálculo en una fila individual. En SAP, cada uno de estos conceptos posibles se creará como un "tipo de condición". De forma estándar, SAP ya entrega pre-instalado tipos de condición más utilizados para su uso.

Como práctica general en SAP, si necesitas modificar una condición estándar o ajustarla para satisfacer las necesidades del proyecto o compañía, siempre es mejor copiar la condición y crear una nueva, usando la original como referencia.

En este ejemplo, vamos a crear un nuevo descuento:
Una tienda ofrece descuentos para cumpleaños dependiendo de tu edad (imagínate alguien de 100 años lo feliz que estará).

❖ Primero, crea una copia de uno de los descuentos estándar.

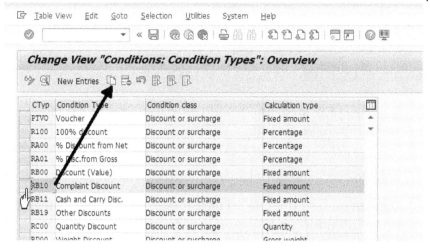

El nuevo tipo de condición será ZBD1 - Descuento de cumpleaños:

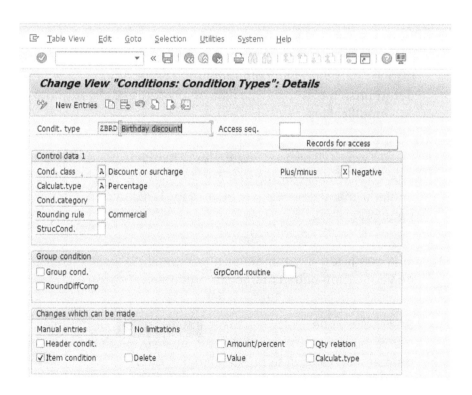

Campo	Uso
Secuencia de acceso	Cómo se procesará el tipo de condición (si no se incluye nada, se supone que el usuario ingresará la condición manualmente)

Clase de condición	Uso de clase de condición para la condición (recargo, precio base, impuesto, descuento)
Positivo - Negativo	Si la condición es un descuento / recargo. Usa negativo si siempre será un descuento, y positivo si siempre será un recargo. Si puede ser ambos, déjalo en blanco
Tipo de calculo	Determina si se trata de un porcentaje, un valor fijo o según otros criterios (como el peso, la distancia, etc.). En nuestro ejemplo, es un porcentaje, ya que es un % de descuento dependiendo del # de años.
Changes Can Be Made	Define los tipos de cambios que se pueden realizar en la condición cuando el usuario ingresa la orden de venta. Por razones de seguridad, comúnmente, las condiciones que se determinan a través de una lista de precios se definen como "no modificables". En el campo "Entradas manuales", también puedes tener una condición determinada por la lista de precios, pero anularla manualmente (en este caso, la condición manual tiene prioridad) Si la condición es totalmente modificable, todas las casillas de verificación deben marcarse como tales. Si esperas que solo ciertos cambios estén disponibles, marca las áreas correspondientes que se pueden cambiar (porcentaje, valor, si se puede eliminar, etc.) Para nuestro caso, la marcaremos como "Entrada manual", ya que el porcentaje de descuento a calcular solo lo sabremos al momento de registrar el pedido para el cliente y que nos diga cuantos años cumple.

Normalmente, distinguimos entre las transacciones estándar y las recién creadas por nosotros inicializándolas con "Z" o "Y" (si te quedas sin combinaciones "Z")

Configuración – Configuración - Tablas de condiciones

Creando una nueva tabla de condiciones	
Ruta de Menú	SPRO> Funciones básicas> Determinación de precios> Control de precios> Definir tablas de condiciones> Crear tablas de condiciones
Transacción	V/03

Debes definir una tabla de condiciones para determinar la combinación de campos que se usarán más adelante en la secuencia de acceso.

SAP proporciona varias combinaciones de los campos más comúnmente utilizados, pero puedes definir cualquier combinación que necesites del catálogo de campo disponible.

Nota: Es posible incluir campos adicionales no definidos en el catálogo de campo, pero esto requiere programación ABAP adicional, que no está en el alcance de este libro.

Primero, determina el número de tabla que usarás para tu nueva tabla.

NOTA: Como una convención, las tablas recién creadas generalmente comienzan en el rango de 900.

❖ Luego, selecciona los campos que formarán tu tabla haciendo doble clic en cada uno de ellos.

Primero debes ingresar el campo del encabezado y luego ingresar los que serán un campo de "detalles".

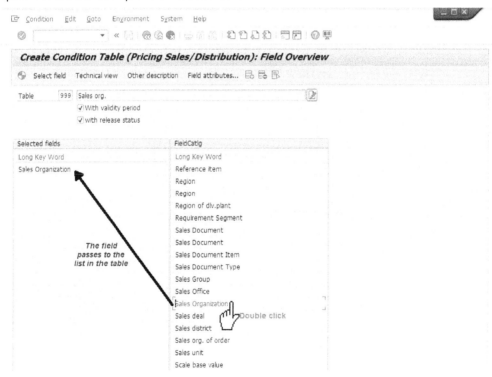

Si deseas ofrecer un descuento específico para una oficina de ventas en particular (por ejemplo, para nuestra región norte, ofreceremos un descuento del 10%, pero para nuestra región sur, ofreceremos un descuento del 15% para aumentar las ventas en esa región) , entonces tendrás que diferenciarlos por la oficina de ventas

Nota: Si necesitas conocer los nombres de los campos técnicos (algunos campos son muy similares en su descripción), puedes hacer clic en "Otra descripción" y la pantalla de visualización alternará entre diferentes descripciones (descripción breve, descripción larga, descripción técnica y breve, etc.).

Puedes continuar haciendo clic hasta que encuentres la descripción más adecuada para continuar.

Una vez que tengas todos los campos requeridos, puedes confirmar con la Vista técnica qué campos se definieron como campos clave y cuáles están en los detalles.

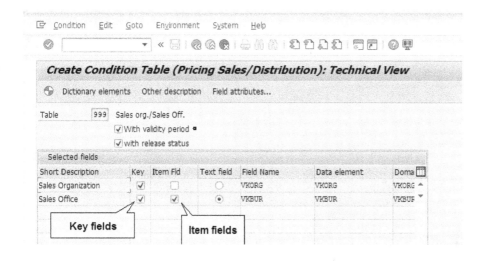

❖ Una vez que has confirmado los campos clave y los campos de detalle, puedes generar la tabla usando el ícono..

El sistema confirmará si desea generar la tabla

Responde SÍ.

Como esta configuración es una definición de "Workbench" y no una configuración regular, te pedirá varios datos adicionales.

Estos datos deben ser proporcionados por tu equipo de Soporte técnico o programación, ya que en realidad estás creando una nueva tabla en la base de datos.

Una vez que proporciones la información, puedes guardar la tabla y generará un nuevo número de transporte.

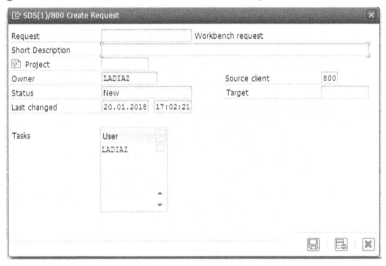

Esto es lo que se muestra después de que se guarda la información y se genera la tabla

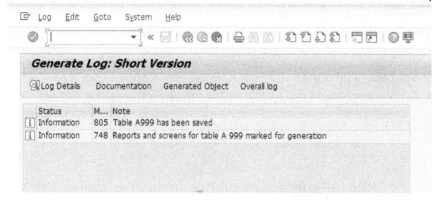

❖ Una vez creada la tabla, regresa para mostrar la tabla, y esta aparecerá en la lista de tablas disponibles para seleccionar.

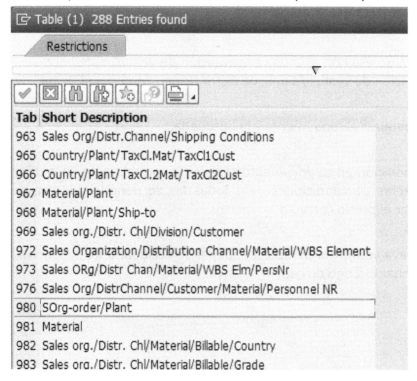

En este punto, no se requiere nada más para configurar la tabla de condiciones.

Configuración – - Secuencia de acceso

Crear una nueva secuencia de acceso	
Ruta de Menú	Ventas> Funciones básicas> Precios> Control de precios> Definir secuencia de acceso> Mantener secuencia de acceso
Transacción	SPRO

En la secuencia de acceso, como su nombre lo indica, definimos la secuencia con la que el sistema buscara la información del precio.

Normalmente se recomienda que la secuencia de acceso vaya de la condición más específica a la más general.

Ejemplo: Si tienes un acceso con solo una organización de ventas, este debe ser posterior a "Organización de ventas / Canal de distribución / Material / Cliente".

Esto se hace para optimizar el rendimiento y la búsqueda.

Para cada tipo de condición en tu documento el sistema normalmente hace una búsqueda en las tablas de condiciones para todas las secuencias de acceso tratando de encontrar el precio correcto.

• Para crear una nueva secuencia de acceso, puedes seleccionarla de la carpeta principal y seleccionar el icono de copiar.

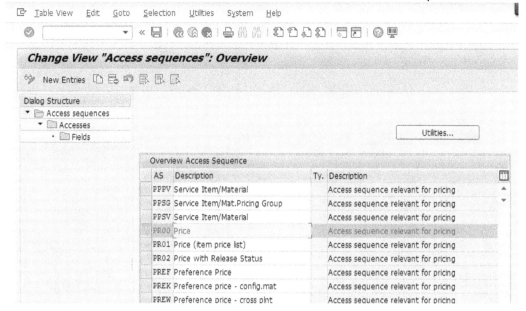

❖ Al seleccionar la opción, recibirás un mensaje que te preguntará si deseas copiar todas las dependencias y la información. Selecciona **copiar todo.**

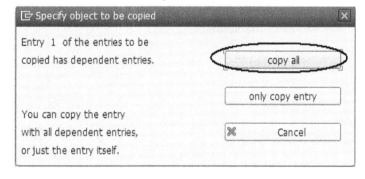

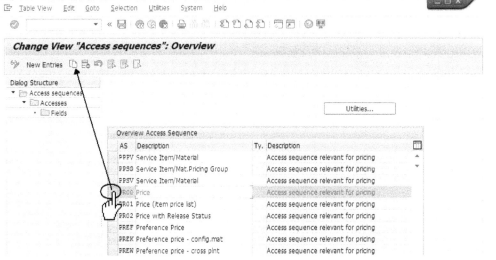

❖ Después de copiar, selecciona la carpeta "Accesos" para obtener los detalles de las tablas incluidas.

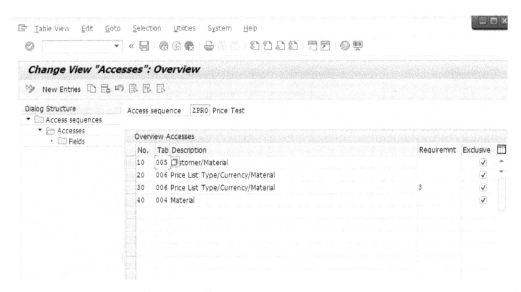

Normalmente en el procedimiento, creamos nuestros accesos en el orden en que deben buscarse, y generalmente con números en múltiplos de 10.

Esto se hace porque en el caso de que una tabla debe agregarse más adelante, habrá espacio suficiente para insertarla donde corresponde sin alterar el orden de búsqueda deseado.

Para agregar tu tabla, selecciona "Nuevas entradas" e incluye el número de paso y el número de la tabla que deseas agregar, selecciona el ícono de ingresar y selecciona la flecha verde para regresar a la lista de todos los accesos disponibles para la secuencia.

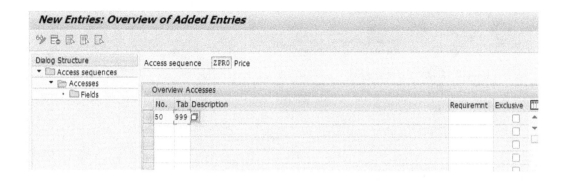

Tu tabla debería aparecer ahora en la lista de accesos disponibles en la tabla.

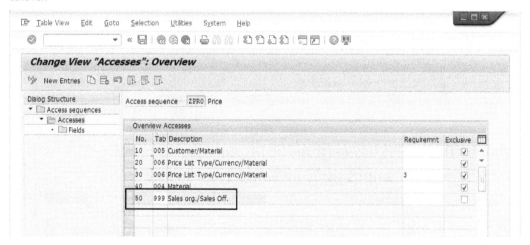

Una vez que tu tabla esté en la lista de accesos, deberás confirmar los campos de esa tabla.

• Selecciona el paso y abra la carpeta "Campos".

Nota: La primera vez que visualizas los campos; el sistema puede generar un mensaje que indica "La asignación de campo no se ha realizado". Este es un mensaje estándar informativo solamente, por lo tanto, selecciona el ícono de ingresar para continuar.

Asegúrate de que no haya errores en la tarea.

Nota: Si todos los campos están en verde, ¡ya está listo!

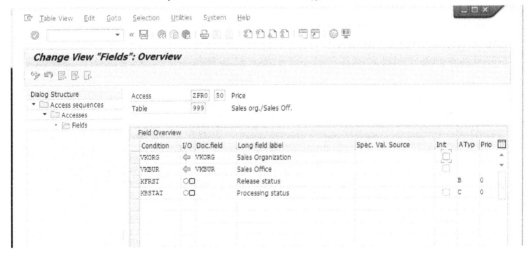

Al guardar, esta también será una solicitud de "Workbench", separada de la configuración.

Configuración – Procedimiento de determinación de precios

Crear un nuevo procedimiento de determinación de precios	
Ruta de Menú	SPRO> SD> Funciones básicas> Determinación de precios> Control de precios> Definir y asignar procedimientos de determinación de precios> Mantener el procedimiento de determinación de precios
Transacción	SPRO

Una vez que has definido tus tablas de condiciones, secuencias de acceso y tipos de condiciones, puedes crear (o actualizar) el procedimiento de determinación de precios.

Piensa en esta definición como el orden secuencial en el que el sistema procesa la información para cada uno de los tipos de condición.

En él también puedes incluir subtotales y almacenar algunos de los valores en variables específicas que se pueden usar en otros cálculos.

Este procedimiento de determinación de precios también puede incluir referencias a fórmulas adicionales, así como las condiciones que deben cumplirse para que se incluya una condición en el cálculo del precio final.

Para definir el procedimiento, una vez más, la recomendación es copiar uno existente y modificar el nuevo de acuerdo a las necesidades de tu empresa o proyecto

En ventas y distribución, el procedimiento estándar más comúnmente utilizado es RVAA01 - Estándar.

El primer paso es seleccionar el procedimiento de determinación de precios deseado para copiar, y luego seleccionar el icono de copia.

❖ El primer paso es seleccionar el procedimiento de determinación de precios deseado para copiar, y luego seleccionar el icono de copia.

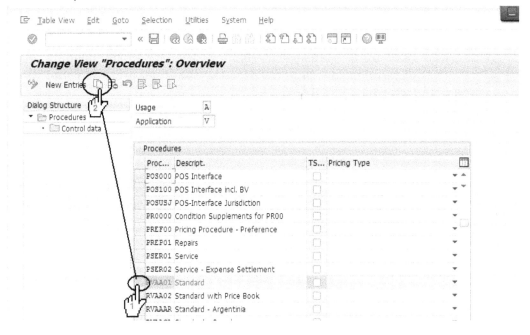

❖ Ingresa la nueva ID y la descripción de tu procedimiento de determinación de precios y selecciona el ícono de ingresar.

❖ En esta pantalla, recibirás un mensaje que te preguntará si deseas copiar todas las entradas y dependencias o solo la entrada. Selecciona copiar todo.

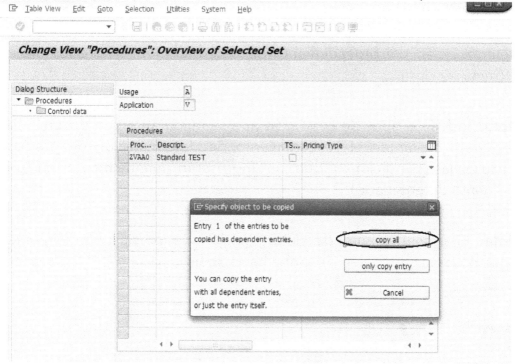

En este caso, se copiarán todas las entradas, tipos de condiciones y requisitos.

❖ Si recibes el siguiente mensaje, selecciona el ícono de ingresar para omitirlo.

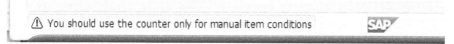

Luego, selecciona tu nuevo procedimiento de determinación de precios y abre la carpeta de Control de datos, donde ingresarás todos tus tipos de condición.

En el procedimiento de determinación de precios, agrupas las condiciones normalmente para los precios base, y luego incluirá cualquier precio adicional (recargos) o descuentos, más cualquier otro cargo (es decir, flete, impuestos, rebajas).

Una línea en blanco en el procedimiento de determinación de precios representa un subtotal sin tipo de condición asociado.

El procedimiento de determinación de precios se determinará para cada combinación de pedido de cliente y clientes (consulte Determinación del procedimiento de determinación de precios en la próxima sección).

Nota: Todos los tipos de condición que se utilizarán en un documento se deben incluir en el procedimiento de determinación de precios (incluso las condiciones que se ingresarán manualmente en un momento determinado).

Nota: El procedimiento de determinación de precios normalmente sigue pasos secuenciales, de arriba hacia abajo.

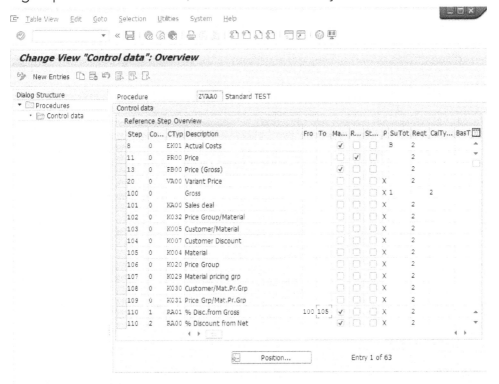

Es muy importante tener cuidado al actualizar o eliminar los procedimientos de determinación de precios.

Si cambias un procedimiento de determinación de precios existente asociado con documentos generados previamente, cualquier cambio realizado en el procedimiento se reflejará en el pedido de cliente original, y esto puede causar inconsistencias entre el pedido de cliente y la factura.

Nota: Los documentos contables de las facturas publicadas anteriormente no se ven afectados por este cambio, pero si vas a imprimir o visualizar las facturas, el documento ya reflejarán los cambios y no coincidirán con los que se le cobro al cliente o está documentado en la factura impresa/electrónica.

Evita esto creando un nuevo procedimiento de determinación de precios y determinándolo para los documentos recién creados.

La siguiente tabla contiene una descripción detallada de las columnas incluidas en el procedimiento de determinación de precios:

Campo	Uso
Paso	La secuencia que el sistema seguirá para determinar el precio final. Es una práctica común crear los pasos en múltiplos de 10 (para procedimientos de determinación de precios simples). Para un procedimiento muy complejo, puedes incluir incrementos de 5 o 2. Nota: Esto se hace para dejar espacio para agregar tipos de condición más adelante si se requiere un cálculo adicional.

Campo	Uso
Contador	El contador normalmente se deja en blanco. Para un procedimiento complejo, puedes definir sub-pasos dentro de un paso particular, para que puedas tener espacio adicional para agregar tipos de condición. Ejemplo: Paso 10, contador 1, 2, 3, etc.
Tipo de condición	Lista de todos los tipos de condición que se permitirán en el documento. Un espacio en blanco representa un subtotal para el procedimiento de determinación de precios.
Desde	Indica las condiciones a considerar. Debe incluir el número del paso. En el ejemplo anterior, el paso 110 incluye todo lo de la línea 100 (sumando el precio bruto y cualquier otro descuento u oferta del 101 al 105). Nota: El "Desde" normalmente puede ser de condiciones que están por encima de la línea actual.
Hasta	Hasta el final del rango para las condiciones a considerar. Debes incluir el número del paso. En el ejemplo anterior, tienes la última condición para considerar en 105.
Manual	Indica si la condición se agregará manualmente en el documento. Si la condición está marcada como manual, no aparecerá automáticamente y el usuario deberá agregarlo manualmente.

Campo	Uso
Requerido	Indica si la condición es obligatoria. **Ejemplo:** Impuestos (aunque la tasa es 0%, la condición aún necesita tener un valor determinado).
Estadístico	Indica si la condición es estadística. Significa que la condición se calculará con fines informativos, pero no se tendrá en cuenta para el cálculo del precio final.
Imprimir	Indica si los detalles de la condición se pueden incluir en los documentos impresos.
Subtotal	Indica si el subtotal se almacenará en una de las variables disponibles. Esta variable se puede usar para cálculos posteriores más adelante, por lo que se convierte en un poderoso aliado siempre que tenga un esquema de precios muy complejo.
Requerimientos	Este indicador representa qué condiciones deben cumplirse para que el tipo de condición esté activo. Si no se cumplen las condiciones para la rutina, entonces la condición no se activará. **Nota:** Estas rutinas se definen en la transacción VOFM, a través del código ABAP. **Ejemplo:** para descuentos, la Rutina 2 valida que el artículo tenga un precio.
Tipo de calculo	Esto representa una fórmula de cálculo alternativa para la condición. Estas fórmulas se definen también en la transacción VOFM a través de ABAP. **Ejemplo:** puede contar la cantidad de artículos incluidos en el pedido de venta y, dependiendo de eso, otorgar un cierto porcentaje de descuento.

Campo	Uso
Tipo de Base	Esto te permite incluir una base de cálculo específica para la condición. **Ejemplo**: suponga que has incluido su precio bruto subtotal en Subtotal 1 (KZWI1). Ahora quieres tener el siguiente cálculo: Valor de condición = subtotal bruto KZWI1 * 0.22 Su condición puede tener el valor de 22% y se multiplicará para KZWI1.
Clave de cuenta	Indica el grupo de cuenta donde se publicará el tipo de condición. En la determinación de la cuenta (para ver en el libro de configuración avanzada SD), usará esta clave para determinar la cuenta final que se utilizará.
Clave de cuenta para provisiones	Si la condición se considerará una provision para un gasto (o un ingreso) que se cobrará más adelante, ingrese la clave correspondiente. En la determinación de la cuenta (para ver en el libro de configuración avanzada SD), usará esta clave para determinar la cuenta final que se utilizará.

Configuración – Determinación del procedimiento de determinación de precios

Crear Determinación de Procedimiento de Determinación de Precios	
Ruta de Menú	SPRO> SD> Funciones básicas> Precios> Control de precios> Definir y asignar procedimientos de determinación de precios>
Transacción	SPRO

Para determinar un procedimiento de determinación de precios, hay dos elementos: el procedimiento de determinación de precios del cliente y el procedimiento de determinación de precios del documento.

La combinación de ambos es lo que determinará el procedimiento que se utilizará en el documento de ventas.

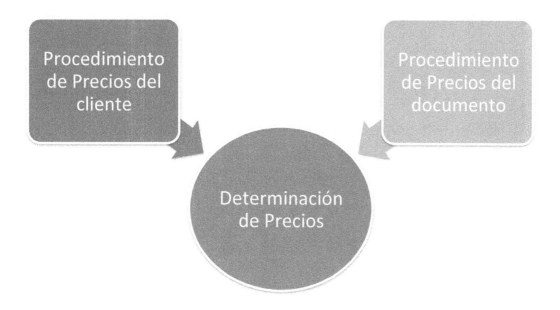

6.3.3.1. Procedimiento de determinación de precios del cliente

Primero, debes definir el procedimiento de determinación de precios del cliente:

Ruta: define el procedimiento de determinación de precios del cliente (dentro de la ruta para la determinación del procedimiento de determinación de precios).

Debes seleccionar Nuevas entradas y agregar la ID y la descripción del procedimiento del cliente.

Nota: en este paso de configuración, el único elemento a realizar es crear el ID y su descripción correspondiente. Esta información se usará al crear el maestro de clientes en la creación de datos maestros.

❖ Después de ingresar estos datos, guarda los cambios.

6.3.3.2. Procedimiento de determinación de precios de documentos

En primer lugar, debes definir el procedimiento de determinación de precios del documento:

Ruta: define el procedimiento de determinación de precios de los documentos (dentro de la ruta para la determinación del procedimiento de determinación de precios). Selecciona Nuevas entradas y agrega el ID y la descripción del procedimiento del documento.

Nota: en este paso de configuración, el único elemento a realizar es crear el ID y su descripción correspondiente. Esta información se usará en la personalización al crear / mantener un tipo de documento.

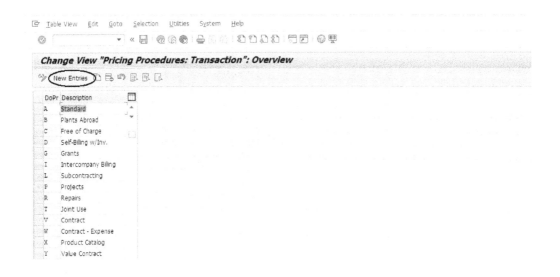

❖ Después de ingresar estos datos, guarda los cambios.

6.3.3.3. Asignar procedimientos de determinación de precios de documentos a tipos de órdenes

Una vez que has definido un procedimiento de determinación de precios de documentos, debes asignarlo al tipo de documento (para órdenes de venta). Puedes hacerlo en la siguiente ruta:

Asigna los procedimientos de determinación de precios de documentos a los tipos de orden (a partir de la determinación del procedimiento de determinación de precios). Para cada uno de los tipos de órdenes de venta que tienes, se requiere asignar un ID de procedimiento de determinación de precios en particular.

Nota: varios procedimientos de determinación de precios pueden tener el mismo ID de procedimiento, pero con combinaciones adicionales (como ID de procedimiento de cliente), podría ser posible determinar un procedimiento de determinación de precios diferente.

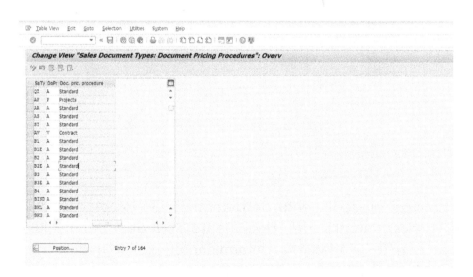

6.3.3.4. Asignar procedimientos de determinación de precios de documentos a los tipos de facturación

De forma similar a la asignación del ID del procedimiento de determinación de precios a un documento de ventas, el ID de procedimiento debe asignarse a un documento de facturación.

Nota: Es importante ser coherente con el ID del procedimiento del documento asignado en el pedido de cliente, ya que si asignas un procedimiento de determinación de precios muy diferente entre el pedido y la factura, podrías terminar con dos precios diferentes para estos documentos.

Si el precio se mantendrá desde el pedido de venta hasta la facturación, entonces es posible omitir esta asignación o dejar en blanco el ID para el tipo de facturación.

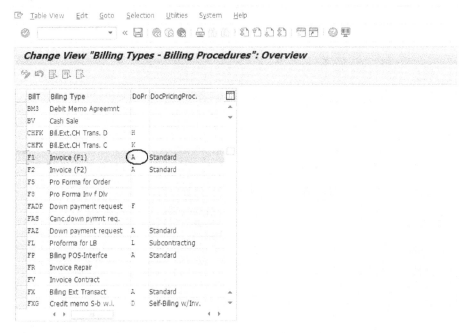

6.3.3.5. Definir la determinación del procedimiento de determinación de precios

Después de crear el procedimiento de determinación de precios del cliente y el procedimiento del documento, puedes definir las combinaciones que lo ayudarán a determinar el procedimiento de determinación de precios final que se utilizará.

Esto se puede hacer en la siguiente ruta:

Definir la determinación del procedimiento de determinación de precios (dentro de la sección Determinación del procedimiento de determinación de precios).

Los factores que pueden derivar un procedimiento de determinación de precios diferente son:

• Organización de ventas

• Canal de distribución

• División

• Procedimiento de determinación de precios del documento

• Procedimiento de determinación de precios del cliente

Ejemplo: Para la misma organización de ventas / canal de distribución / cliente / documentos pero diferente división, podrías tener dos (o más) procedimientos de determinación de precios diferentes. Si encuentras una combinación similar a la que determinarás, puedes usarla como referencia para copiar. El tipo de condición incluido en la determinación de determinación de precios es una condición de determinación de precios predeterminada que aparecerá en la entrada de condiciones automáticamente al crear los documentos.

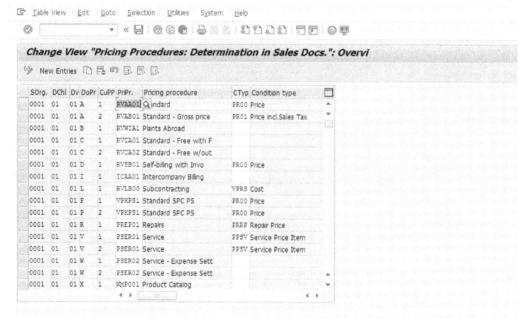

6. EJERCICIOS

1. Crea una nueva condición de precio con clave **ZDSC**

     1.1. Esta condición de precios deberá de ser automatica, y definida en porcentaje.

2. Agrega esta nueva condición de precio al procedimiento de precios para el tipo de documento ¨Venta normal

3. Define un descuento de 20% para los meses de Enero a Mayo del año en curso (Tu determinas el material que estará relacionado a esta condición.

4. Captura un pedido para el mes de Febrero, incluyendo el material que tiene el descuento capturado.

     4.1. El descuento debe de verse reflejado automáticamente en el pedido.

7. DOCUMENTOS DE VENTAS

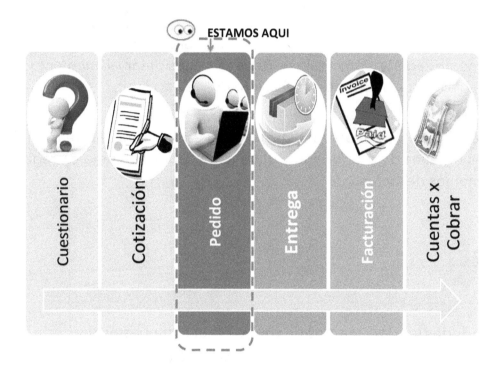

ESTAMOS AQUI

Cuestionario | Cotización | Pedido | Entrega | Facturación | Cuentas x Cobrar

7.1. USOS Y FUNCIONALIDAD

Este capítulo se enfocará en el proceso principal de ventas, el cual empieza una vez que es el momento de ingresar un pedido de venta.

NOTA: Aunque los pedidos de venta en SAP inician el proceso Comercial, existen otros documentos anteriores a 'este como la Cotización y la oferta, los cuales son documentos opcionales y no necesarios para iniciar el proceso comercial

176

En general los pedidos de ventas representan un pedido del cliente a nuestra compañía para entregar los productos o servicios ofrecidos por la empresa.

.

A diferencia de una consulta o una cotización, que normalmente no se tienen en cuenta para la planificación de la producción, una orden de venta se considera un documento "en firme", el cual es normalmente un documento legal y como tal, se debe de considerar al momento de planear las necesidades de producción.

Los pedidos de ventas además, activarán (si es necesario) la creación de nuevas órdenes de producción y documentos futuros, como entregas y documentos de facturación.

- Todos los documentos de ventas están compuestos por:
- Encabezado: información que aplica al documento en general (Ejemplo: condiciones de pago).
- Artículos: información que se aplica independientemente a cada uno de los materiales / servicios que se venderán. (Ejemplo: precios, textos, etc.)
- Líneas de Reparto (solo en casos particulares, como consultas, cotizaciones y pedidos de venta): una lista de todas las fechas / horas de entrega posibles para cada uno de los artículos.

La primera operación es crear el documento de ventas con el tipo apropiado.

El tipo de orden es lo que hace la magia para determinar cómo se comportará el documento, pues determina:

- El tipo de operación a realizar: Pedido, devolución, traspaso, etc.

- el rango de números,

- los campos visibles, obligatorios u ocultos, y

- las funciones siguientes permitidas.

En SAP estándar, hay aproximadamente 30 tipos de documentos diferentes ya predefinidos y listos para ser utilizados.

Los tipos de documentos más comunes son:

ID	Description	Common Uso
OR	Orden Estándar	Para vender productos y servicios. Se debe generar un documento de entrega para la salida de mercancías. Después de la entrega, se generará una factura.
SO	Orden de emergencia	Para vender productos y servicios. El usuario no tiene que crear la entrega, ya que se crea automáticamente. La factura se puede crear justo después de que se haya creado la orden de venta
RE	Devoluciones	Para procesar los productos devueltos a la empresa. Después de recibir los productos, se puede crear una nota de crédito.
CR	Solicitud de Credito	Para procesar los créditos que deben enviarse a los clientes de la compañía. Esta es la solicitud, y luego se genera una Factura real (nota de crédito). Normalmente los productos no están involucrados. **Ejemplo:** Debes acreditar a tu cliente $ 100USD por precio incorrecto.

DR	Solicitud de debito	Para procesar los adeudos que deben enviarse a los clientes de la compañía.
		Esta es la solicitud, y luego se genera una Factura real (nota de Debito). Normalmente los productos no están involucrados.
		Ejemplo: Debes cobrarle a tu cliente $ 100USD adicionales por daño a tus contenedores.

Funcionalidad – Creación del pedido de cliente

Crear una nueva orden de venta	
Ruta de Menú	Logística> Ventas y distribución> Ventas> Pedido> Crear
Transacción	VA01

Primero veremos cómo crear un pedido de cliente, el punto de partida para tu proceso y describiremos los componentes del mismo.

Si te interesa la configuración, en la siguiente sección veremos los fundamentos de la configuración y tendremos en cuenta las áreas importantes a observar.

❖ Primero, ingresa los datos, incluido el tipo de orden y el área de ventas (organización de ventas, canal de distribución y división) y selecciona el ícono de ingresar.

El tipo de order es el que hace la magia para determinar como se va a comportar un documento.

Este tipo puede diferenciar entre una orden de ventas, una entrega de emergencia y una orden de devoluciones.

179

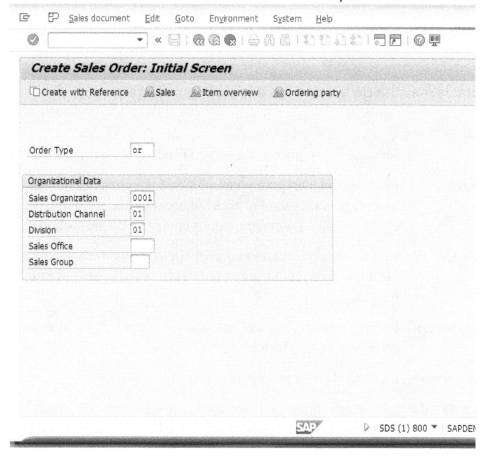

Después de esto, verás la pantalla principal para crear un pedido de cliente.

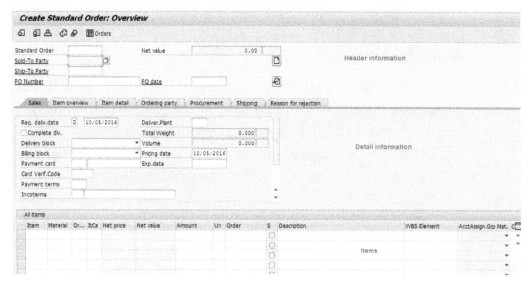

7.1.1.1. Cabecera

❖ Primero, ingresa la información en el encabezado, como se detalla a continuación

Nota: Nota: la mayoría de los campos iniciales son obligatorios..

Campo	Uso Normal
Cliente	Vendido a: ¿A quién estamos vendiendo?
Destinatario	La dirección a la que enviaremos. Si hay varios disponibles, aparecerá una pantalla para seleccionar la dirección de envío deseada. ¿A quién estamos enviando los productos?
# de Orden de compra	El # de Orden de compra que el cliente envió para solicitar los bienes (si envió alguno) / fecha en que se envió el pedido.
Fecha de entrega	Fecha La fecha general en que el cliente desea que se entreguen los productos.
Fecha de precio	La fecha de referencia para el precio.
Términos de pago	Las condiciones de pago acordadas con el cliente. Normalmente se copian de los datos del cliente registrados en el maestro de clientes, pero se pueden cambiar manualmente aquí si es necesario.
Incoterms	Se imprime en los documentos de envío. Se puede usar para calcular precios y recargos en el pedido de venta.

7.1.1.2. Posiciones (Artículos)

Una vez que se registraron los datos generales, es necesario capturar los datos detallados de los artículos (líneas de pedido = "Items" en inglés).

Los artículos contienen la información detallada de cada material o servicio que la organización está vendiendo.

Cada posición también tiene un "tipo de categoría" particular, que determina la funcionalidad adicional para esa línea del pedido.

Ejemplo: El tipo de categoría determina si el artículo debe copiarse en la entrega, si es una posición de texto, si es relevante para el precio, etc.

Los campos más importantes para capturar en la línea de pedido son:

Campo	Uso
Material	Número de identificación del material
Cantidad	Cantidad de pedido
Monto	Se puede ingresar manualmente si no hay precios disponibles para calcular

En algunos casos, ingresarás una "Orden interna" o un elemento PEP (para pedido de cliente relacionado con un proyecto).

Nota: en el lado derecho de la pantalla, puedes ver el menú para moverse por cada una de las vistas (cada pestaña o carpeta se llama vista en "SAP").

En todos los documentos SD, hay una sección de texto, donde puedes capturar textos largos que se imprimirán en los documentos (factura, documentos de envío, etc.).

Otros textos son solo para fines informativos internos, o notas sobre el pedido de venta que solo se copian a la entrega pero no se imprimen.

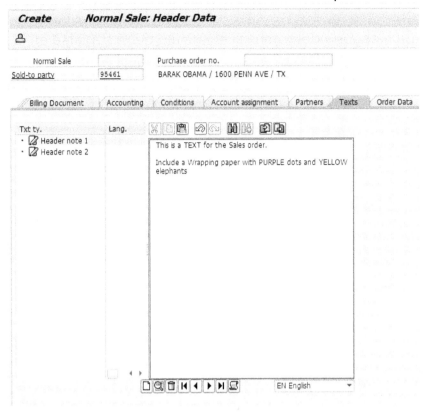

Así es como se verá una vez que se completa la información principal.

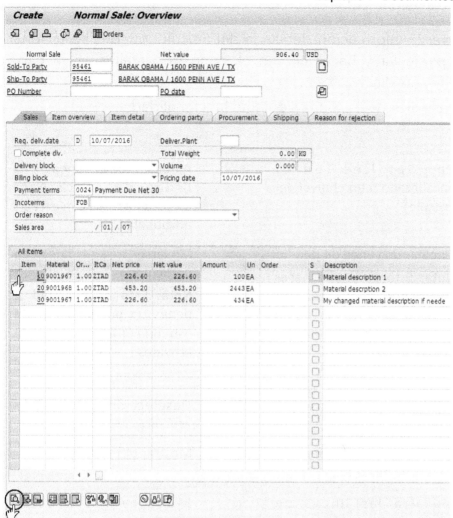

Debes tener en cuenta que en este ejemplo, para la tercera posición, la descripción del material se cambió de la descripción original ingresada en el maestro de materiales.

Esto se permite y se usa en algunos casos cuando se necesita una venta esporádica (o exprés) y el material / servicio no está disponible, o cuando se vende algo que es un negocio de una sola vez.

Para situaciones regulares o ventas que se repetirán con el tiempo, no te lo recomiendo y es una mejor práctica crear el maestro de materiales correspondiente.

Si deseas ver la información detallada del artículo, puedes seleccionar una línea particular y hacer clic en el ícono de detalles en la parte inferior de la pantalla.

Hay botones adicionales con la siguiente funcionalidad:

Botón	Función	Botón	Función
	Ver detalles (en el encabezado o en el nivel del artículo)		Agregar nuevas líneas a la orden de venta para capturar elementos adicionales.
	Eliminar una línea de pedido **Nota:** Esto se puede hacer solamente si no se han generado entregas o facturas para el artículo		Moverse a una línea en particular **Nota:** Esto es muy útil si tienes un pedido de venta con una gran cantidad de artículos.
	Seleccionar todos los artículos		Deseleccionar todos los artículos
	Desencadena la verificación de disponibilidad		Mostrar disponibilidad
	Muestra las líneas de reparto (por artículo) Las líneas de reparto son las fechas en que el sistema calcula que los productos estarán disponibles para el envío y el sistema puede confirmar el pedido.		Muestra los precios detallados de un artículo en particular (precio base, descuentos, recargos, impuestos)
	Desencadena la determinación del lote, si el producto se maneja en lotes		Esta es una funcionalidad avanzada utilizada solo para materiales configurables

❖ La funcionalidad de "moverse a" es muy útil: Me ha tocado ver pedidos con más de 100 líneas de productos y moverse a una línea en particular es bastante rápido con esta funcionalidad.

❖ La determinación automática de lotes es una funcionalidad avanzada en la que el sistema puede proponer los lotes de productos que se utilizarán en el momento de la entrega.

Esta es la información detallada que está disponible para el artículo.

Nota: En el lado derecho de la pantalla, puedes ver el menú para moverte por cada una de las vistas (cada pestaña de la carpeta se denomina vista).

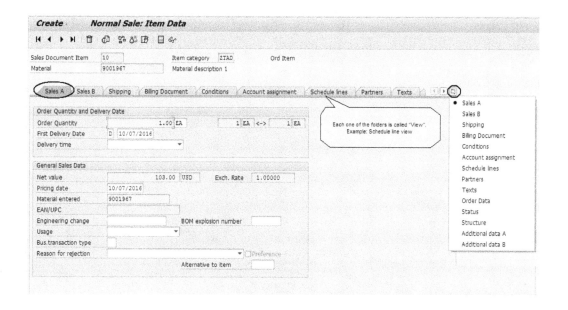

Esto es lo que puedes ver en la vista detallada de precios.

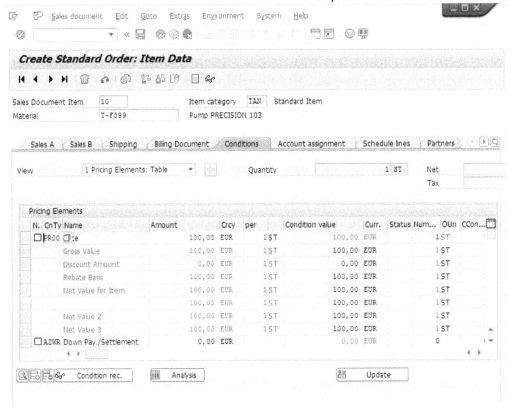

7.1.1.3. Líneas de reparto

En las líneas de reparto, puedes ver la cantidad requerida del cliente, así como la cantidad confirmada en el sistema y las fechas estimadas de entrega.

Si el sistema no puede confirmar la cantidad total para una fecha determinada, automáticamente creará una nueva línea de reparto con la cantidad confirmada.

Normalmente, el sistema ingresa automáticamente las líneas de reparto.

Sin embargo, puedes incluir o modificar manualmente las planificaciones existentes según las necesidades de tu negocio.

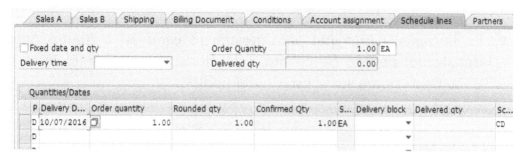

❖ Después de ingresar todos los datos requeridos en el pedido de venta, ya es posible guardarlo.

Funcionalidad – - Estado del pedido y flujo del documento

Visualización de flujo de documentos	
Ruta de Menú	Logística> Ventas y distribución> Ventas> Pedido> Pantalla
Transacción	VA03

En cualquier momento dado después de crear un pedido de cliente, puedes conocer el estado general del documento, cambiando la visualización y mostrando el flujo de documentos.

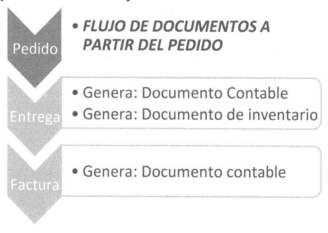

En esta transacción, puedes ver el historial completo de los documentos de ventas, así como todos los documentos vinculados a él.

La siguiente figura muestra los documentos que siguen la orden de venta.

❖ En la pantalla principal para mostrar (o cambiar) o dentro del detalle del pedido de cliente, selecciona el icono de Flujo de documentos para ver el estado del pedido.

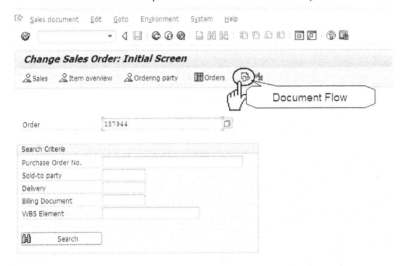

Esto mostrará el estado general de la orden.

Por ejemplo: En este caso, hay dos facturas relacionadas con el pedido, pero una de ellas se canceló, por lo que el pedido se factura parcialmente. Una vez que se completen todos los artículos, el pedido se mostrará como completado.

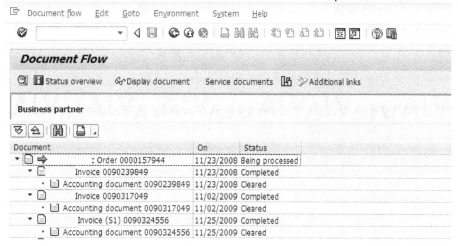

Nota: Si vas a los detalles del pedido y seleccionas un artículo, verás el estado de ese artículo en particular.

En este ejemplo, puedes ver cómo el pedido de venta aparece como completo para el artículo 10.

Funcionalidad – Modificación de un pedido de cliente

Modificar una orden de venta	
Ruta de Menú	Logística> Ventas y distribución> Ventas> Pedido> Modificar
Transacción	VA02

❖ Ingresa el número de documento del pedido de cliente para modificar y selecciona el ícono de ingresar.

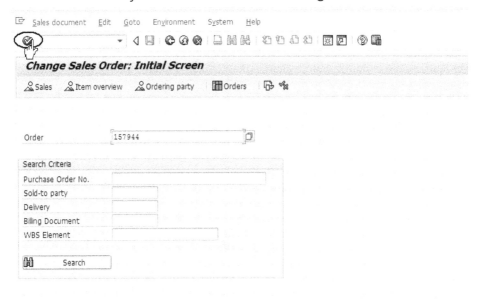

Esto mostrará los campos abiertos para modificaciones.

Si no tienes documentos relacionados al pedido, casi todos los campos están disponibles para modificaciones.

Por otro lado, si ya has creado entregas y documentos de facturación relacionadas con este pedido de cliente, algunos campos no estarán abiertos para modificación, ya que esto podría crear inconsistencias en la información creada.

En este caso, recibirás un mensaje como este:

❖ Para cerrar el mensaje, presiona Entrar o haz clic en la marca de verificación verde.

En las siguientes pantallas, puedes actualizar los campos disponibles para la modificación.

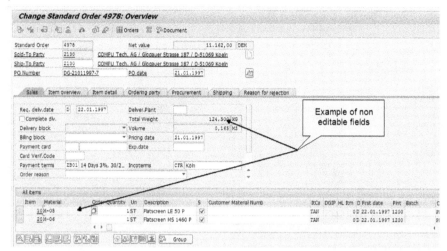

En el modo de modificación, si realizaste cambios en el registro maestro de precios, estos cambios no se reflejarán automáticamente en el pedido

A continuación se muestra cómo es posible realizar este paso:

Para esto, selecciona manualmente el botón "volver a calcular", para que los precios puedan leerse nuevamente.

❖ Para ejecutar esta opción, selecciona el artículo que necesitas actualizar y los precios de "condición".

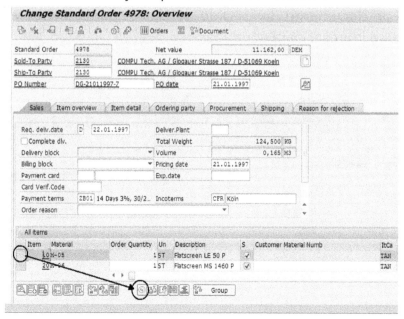

❖ Una vez en esa pantalla, haz clic en "Actualizar" (si está disponible) para tener en cuenta los nuevos precios.

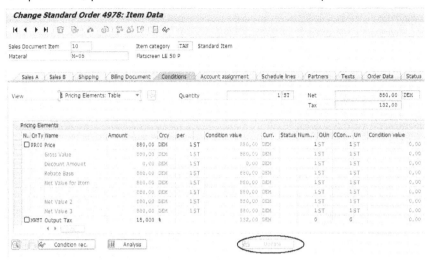

❖ Después de realizar los cambios necesarios, guarda el documento para registrar sus actualizaciones.

Funcionalidad – visualización de un pedido de cliente

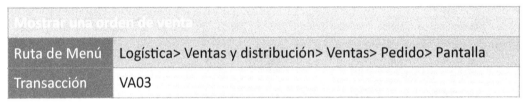

Mostrar una orden de venta	
Ruta de Menú	Logística> Ventas y distribución> Ventas> Pedido> Pantalla
Transacción	VA03

Ingresa el número de documento del pedido de cliente para mostrar y selecciona el ícono de ingresar para continuar.

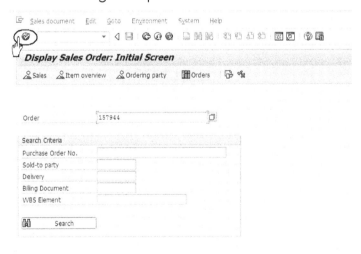

En esta pantalla, puedes visualizar el pedido de cliente, pero no puedes realizar ningún cambio en él.

También puedes visualizar la información general, los precios, etc.

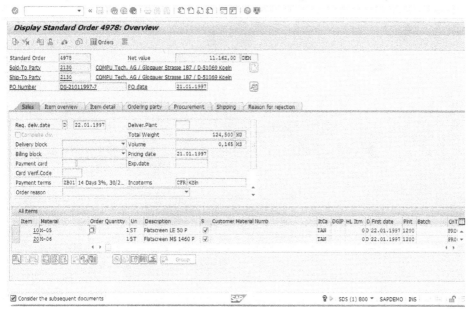

Desde esta pantalla, también puedes ver los cambios realizados en el documento a través del tiempo.

❖ Selecciona desde el menú principal (Entorno> Cambios) y verás una nueva pantalla donde podrás obtener el informe para la lista de cambios.

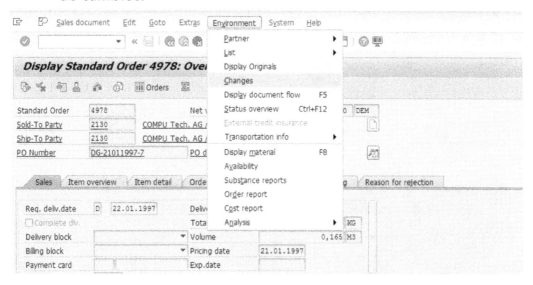

Aquí, obtendrás los parámetros que te permitirán ver todos los cambios aplicados al documento.

• Haz clic en el botón "Ejecutar" o presiona la tecla de función F8.

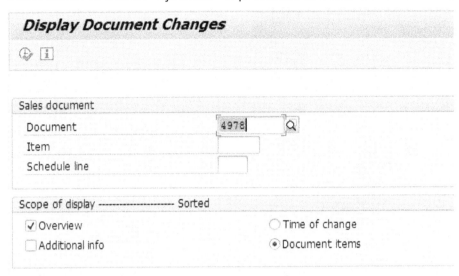

Verás una lista de los cambios.

Changes in Order 4978

Choose

Changes in Request 0000004978

ID	Date	Item	SLNo	Sales Promotion	User
☐	29.06.2018			Customer purchase order number changed	LADIAZ
☐	29.06.2018	10		Item credit price changed	LADIAZ
☐	29.06.2018	10		Profit Center changed	LADIAZ
☐	29.06.2018	20		Item credit price changed	LADIAZ
☐	29.06.2018	20		Profit Center changed	LADIAZ
☐	29.06.2018	30		Item credit price changed	LADIAZ
☐	29.06.2018	30		Profit Center changed	LADIAZ
☐	29.06.2018	40		Item credit price changed	LADIAZ
☐	29.06.2018	40		Profit Center changed	LADIAZ

❖ Para salir de la pantalla, usa los botones "atrás" o "cancelar" para regresar a la pantalla de visualización original.

7.2. CONFIGURACIÓN

En esta sección veremos toda la configuración requerida para crear un nuevo tipo de documento y sus componentes, incluidos los tipos de posición y las líneas de reparto.

Tip: Práctica recomendada para la configuración de documentos de ventas:

No se recomienda eliminar los documentos estándar proporcionados por SAP sino que es una práctica más recomendable marcarlos como "bloqueados". De esta forma, los pedidos originales no aparecerán en la funcionalidad para el usuario, pero tú podrás utilizar la configuración estándar como referencia.

Si necesitas personalizar uno de los documentos existentes, la recomendación es crear un nuevo tipo de documento y copiar desde el tipo de documento más cercano disponible.

Nota: Es muy útil hacer referencia a un tipo de documento existente cuando creas un documento nuevo, ya que hay muchos pasos de configuración relacionados que pueden acelerarse mediante la copia.

Configuración – Nuevo tipo de documento

Crear un nuevo tipo de documento	
Ruta de Menú	SPRO> Documentos de ventas> Encabezado de documentos de ventas> Definir tipos de documento de ventas
Transacción	SPRO

Una vez que se han definido las estructuras organizacionales básicas, así como la determinación de los clientes, en caso de que necesites definir un nuevo tipo de documento, puedes hacer referencia a uno existente y modificarlo para adaptarlo.

.

❖ Comienza seleccionando un documento existente y selecciona la opción de copiar. Debes registrar al menos la nueva identificación del documento y su descripción.

Para la identificación del documento puedes utilizar 4 caracteres alfanuméricos.

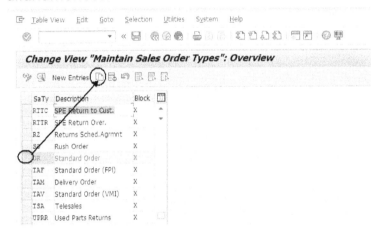

❖ Después de esto, da doble click para entrar a los detalles del nuevo tipo de documento y modifica las diferentes opciones según las operaciones que vayas a realizar.

❖ Nota: Las opciones que indiques aquí determinan el comportamiento del documento, lo que podrá hacer, si genera entregas o no, el tipo de facturación, etc.

Podras pensar: Oh no! Son muchos campos.

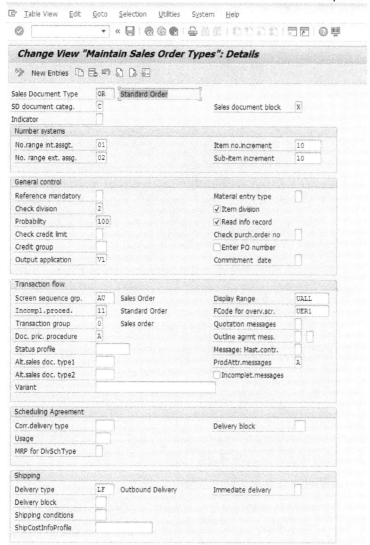

Billing

Dlv-rel.billing type	F2	Invoice (F2)	CndType line items	EK02	
Order-rel.bill.type	F2	Invoice (F2)	Billing plan type		
Intercomp.bill.type	IV	Intercompany Billing	Paymt guarant. proc.	01	
Billing block			Paymt card plan type	03	
			Checking group	01	

Requested delivery date/pricing date/purchase order date

Lead time in days		☑ Propose deliv.date	
Date type		☐ Propose PO date	
Prop.f.pricing date			
Prop.valid-from date			

Contract

PricProcCondHeadr		Contract data allwd.	
PricProcCondItem		FollUpActivityType	
Contract profile		Subseq.order type	
Billing request	DR	Check partner auth.	
Group Ref. Procedure		☐ Update low.lev.cont.	

Availability check

Business transaction	

No te preocupes. En esta tabla encontraras un resumen de los usos para los principales campos utilizados cuando configuras un tipo de documento:

Campo	Uso
Categoria del documento	Indica si el documento es un documento de ventas, una cotización, consulta, nota de crédito o débito.
Bloqueo de documento	Indica si el documento está bloqueado. Nota: En algunas implementaciones, el cliente desea ver solo los documentos relacionados con su empresa y no ver los documentos estándar. Si marcas el documento como bloqueado, no aparecerá como disponible para los usuarios y no tendrán la posibilidad de usarlos. En reportes estándar como la lista de documentos de ventas VA05N, aparecerá como disponible para los filtros.

Campo	Uso
R a n g o s d e números	**Rangos de números internos:** el sistema asigna automáticamente el número de documento de ventas. **Externo:** el usuario debe asignar manualmente el número de documento. **Nota:** Esto puede ser útil al crear documentos de ventas de sistemas externos y querer mantener el número de documento externo con el mismo número en SAP.
Incremento	Indica cómo se numeraran las líneas de detalle en el documento de ventas y el valor incluido representa el incremento entre cada línea. Nota: El valor predeterminado es 10. **Ejemplo:** Al realizar un pedido, las líneas automáticamente se numeran: 10, 20, 30, etc. Se puede cambiar a 1, 5, etc. **Ejemplo:** Incremento 1: ítem 1, 2, 3 o Incremento 5: ítem 5, 10, 15, etc.
R e f e r e n c i a obligatoria	Puedes obligar a un documento a tener siempre una referencia a otro documento. **Ejemplo:** En tu empresa, los pedidos de venta siempre deben de tener referencia a una cotización. Entonces, un tipo de documento "ZOR - Orden" deberá estar marcado como referencia obligatoria. Por lo general, las notas de crédito y débito se marcan con referencia obligatoria para que siempre hagan referencia a una factura existente.
Checar División	Permite definir si una división a nivel de posición puede ser diferente de la división en el nivel de Cabecera.
Checar límite de credito	Requerido para la funcionalidad de administración de crédito

Campo	Uso
División a nivel artículo	Solo marca si deseas utilizar la división del material en los documentos (si está permitido en el campo "Verificar división").
Utilizar el Info Record	Si estás utilizando la funcionalidad del registro de información (relación cliente / material), actívala si deseas que la información existente allí se utilice en el pedido de cliente.
Verificar Numero de orden de compra	Si está activo, el sistema verificará automáticamente si el número de orden de compra existe para el mismo cliente, y detendrá la creación del documento si lo encuentra en el sistema. Esto te ayudara a evitar la creación de pedidos duplicados.
Ingresar Número de Orden de compra	Activar si deseas que la entrada de orden de compra sea obligatoria.
Aplicación de impresión	Utilizada para imprimir (V1 siempre es para documentos de órdenes de venta).
Procedimiento de determinación de precios del documento	Necesario para determinar el precio del documento. Consulta el Capítulo 5, para obtener detalles adicionales sobre la determinación de precios.
Contrato de Entregas	Tipo de entrega correctiva: indica el tipo de entrega que se utilizará cuando se realicen correcciones para un contrato de entregas (Scheduling agreement)
Tipo de entrega de envío: indica	indica el tipo de entrega que se utilizará automáticamente al crear la entrega desde un documento de ventas.

Campo	Uso
Entrega inmediata	Indica que se creará una entrega automáticamente al guardar la orden de venta. **Nota:** Esto se usa normalmente en escenarios como un pedido urgente. Si esto no está indicado, el documento de entrega debe crearse manualmente.
Condición de embarque	Indica las condiciones de envío predeterminadas que se utilizarán al crear el documento de entrega.
Facturación	• Tipo de facturación relacionada con la entrega: indica el tipo de factura estándar que se creará después de la entrega de la mercancía. • Tipo de facturación relacionado con la orden: indica el tipo de factura estándar para una factura creada directamente a partir de la orden de venta (que no será entregada). • Ejemplo: para pedidos de servicios.
Tipo de plan de facturación	Si el documento se va a usar con un plan de facturación (anual, mensual, etc.)
Plazo de entrega	Número de días que demorará procesar los productos.

Configuración – Tipo de Posición (Item category)

Creando un nuevo tipo de posición	
Ruta de Menú	SPRO> SD> Documentos de ventas> Elemento del documento de ventas> Definir tipo de posicion
Transacción	SPRO

Como mencionamos los pedidos de ventas están formados por encabezado, artículos y líneas de reparto.

Los tipos de posición agruparán los artículos e influirán en el comportamiento de la línea de pedido.

Ejemplo: algunos tipos de posición son relevantes para manejo de inventario, pero otros no. Un tipo de posición puede indicar la necesidad de calcular los precios, mientras que para otros esto puede no ser necesario, como en el caso de la funcionalidad de productos promocionales gratis.

Una vez que has definido el tipo de documento, puedes también definir un nuevo tipo de posición.

Nota: No siempre es necesario crear un nuevo documento o una nueva categoría de posición.

Este elemento de configuración, también determina cómo se comportarán los documentos a nivel detallado en cada posición.

SAP también proporciona una serie de categorías de posición que normalmente cubren la funcionalidad estándar.

Si requieres crear uno nuevo, te recomiendo utilizar uno de los tipos de posición existentes como referencia y copiarlo (buscando los más relacionados con tus requisitos).

Ejemplos:

• TAN - Estándar para artículos entregados

• TAD: estándar para artículos de servicio

• REN - Estándar para devoluciones

❖ Para crear la categoría del elemento, selecciona una categoría existente y seleccione el icono de copiar. Una vez definido, ingresa el ID y la descripción del tipo de posición. Después de esto, modifica los parámetros de acuerdo a tus necesidades.

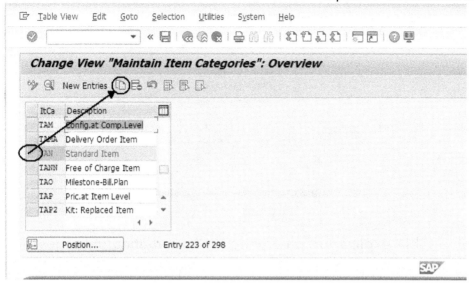

Dentro de la categoria de posición, podemos ver los siguientes campos:

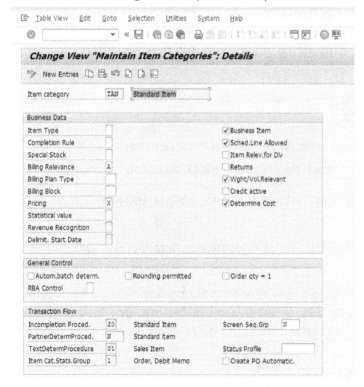

La siguiente tabla explica los parámetros más comunes utilizados en esta configuración.

Campo	Uso
Uso de campo	Déjalo en blanco si se usa para un artículo estándar.
Artículo comercia	Indica si los datos ingresados pueden ser diferentes del encabezado.
Línea de reparto permitida	Indica si el artículo puede tener una línea de reparto asociada.
Stock especial	Indica si el artículo se usará con stock especial. Ejemplo: Stock de proyecto, stock de consignación.
Artículo relevante para la entrega	Indica si el artículo es relevante para la entrega.
Relevancia de facturación	Indica si el artículo es relevante para la facturación. Ejemplo: es posible que tengas un elemento de texto que no desees que se incluya en la factura, por lo que debe marcar este elemento como no relevante.
Devoluciones	Indica si el artículo se usará para procesar una devolución.
Peso / volumen relevante	Indica si desea que el sistema requiera que se ingrese el peso y el volumen y se tenga en cuenta para las siguientes operaciones.

Determinación de precios	Indica si el artículo es relevante para el precio.
Crédito activo	Indica si la verificación de crédito está disponible / requerida para el artículo.
Valor estadístico	Indica si deseas que el ítem represente solo un valor estadístico en lugar de ser incluido en el valor total del documento. **Ejemplo:** artículo 1 - $ 100, artículo 2 - $ 100 (estadística), artículo 3 - $ 100, valor total = $ 200 (no considera el artículo 2 para el total)
Determinación automática del lote	indica que la determinación del lote se ejecutará automáticamente al momento de la creación del documento.

Configuración – Grupos de tipos de posición.

Creando un nuevo grupo de tipo de posición.	
Ruta de Menú	SPRO> SD> Ventas> Elemento del documento de ventas> Definir grupos de tipos de posición.
Transacción	SPRO

Los grupos de tipo de Posición, como su nombre lo indica, te permiten agrupar los diferentes tipos de posición para determinar el tipo de posición que tendrá cada línea del pedido.

Esta sección te explicamos cómo definir un nuevo grupo de tipos de posición.

Los grupos de Tipo de posición (Item category groups) se capturan en los datos maestros del material y se pueden usar para determinar en automático el tipo de posición que el producto utilizara en el pedido de ventas.

SAP proporciona los grupos de tipos de posición estándar para las operaciones comunes:

- **NORM**: para materiales / operaciones que se entregan normalmente

- **DIEN** - Para los servicios que se incluirán en la entrega

- **NLAG**: para servicios que no se incluirán en la entrega

Aqui veremos como configurar un nuevo grupo de tipos de posición, copiándolo de uno existente.

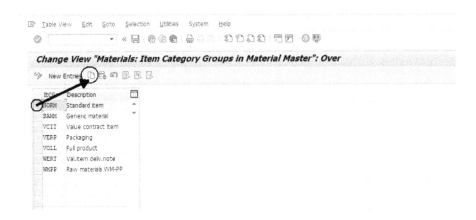

❖ Una vez que tengas el nuevo grupo de tipos de posición, debes ingresar su identificación y la descripción, seleccionar el ícono de ingresar y guardar tus cambios.

❖

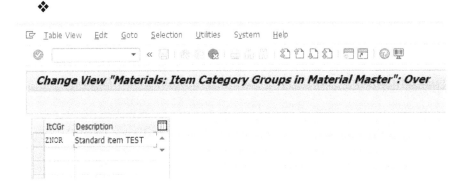

Configuración – Asignar tipos de posición

Asignar tipos de posición.	
Ruta de Menú	SPRO> Documento de ventas> Elemento del documento de ventas> Asignar tipos de posición
Transacción	SPRO

Una vez que has definido los nuevos tipos de posición y el grupo de tipos de posición, puedes asignar las combinaciones permitidas:

• Tipo de documento de ventas

• Grupo de categoría de artículos

• Uso: normalmente se deja en blanco a menos que se necesite un uso especial.

• Categoría de elemento de alto nivel: normalmente se deja en blanco a menos que estés usando un sub-artículo.

Ejemplo: Utilización de lotes, materiales configurables, Lista automática de Materiales para ventas.

A partir de estas combinaciones, puedes determinar automáticamente la categoría de artículos que se utilizara por default.

Nota: SAP permite determinar cuatro categorías de elementos alternativos adicionales que el usuario puede cambiar manualmente al momento de ingresar los documentos.

Estas categorías de elementos adicionales deben ser coherentes con el tipo de documento y el grupo de categoría de artículos utilizados.

Ejemplo: no puedes asignar una categoría de artículo que requiera la entrega a un documento de ventas irrelevante.

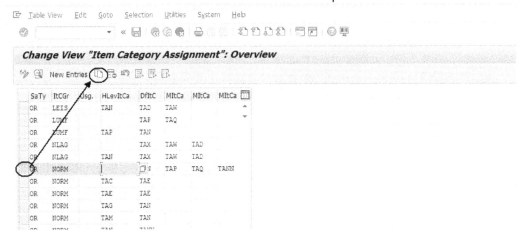

Configuración – Líneas de Reparto (Schedule Lines).

Ruta de Menú	SPRO> Ventas> Documento de ventas> Líneas de programación> Definir categorías de línea de programación
Transacción	SPRO

El tercer nivel de los documentos de ventas son las líneas de reparto.

La líneas de reparto contienen información relacionada con la entrega, como fechas de entrega, administración de inventario y si se transfiere como un requerimiento para producción.

Este elemento también indica:

• el tipo de movimiento que se utilizará en el momento de la entrega y la salida de mercancías,

• si la verificación de disponibilidad debe realizarse en el pedido de cliente

• si las cantidades incluidas en el pedido de cliente deben incluirse como un requerimiento para la producción.

Primero, debes determinar la línea de reparto que es apropiada para tus requisitos.

SAP proporciona varios tipos de línea de reparto que se pueden usar para acelerar el proceso de implementación.

Los más comunes son:

• CP - MRP relacionado

• CN - Sin planificación de materiales

• CD - Sin entrega

• DN - Devoluciones

Si ninguna de las líneas de programación disponibles coincide con tus requisitos, o si necesitas generar un nuevo tipo de línea de reparto para diferenciar las operaciones, puedes hacerlo copiando una existente y cambiando los parámetros, según sea necesario.

Aquí vemos como copiar una nueva linea de reparto basada en una configuración existente:

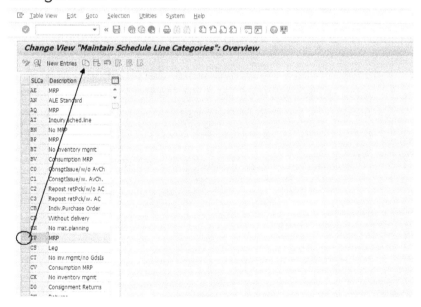

Una vez que has copiado la línea de programación, debes verificar los detalles de la nueva para asegurarte de que los parámetros ingresados sean correctos.

La siguiente tabla explica en detalle los principales parámetros para configurar la línea de reparto:

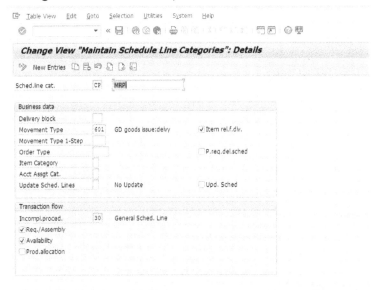

Campo	Uso
Tipo Movimiento	Indica el tipo de movimiento de inventario que se utilizara cada vez que se realice la salida de mercancías (o entrada de mercancías si se trata de un movimiento de devolución).
Artículo relevante para la entrega	Indica si el artículo será relevante para la entrega

Tipo de movimiento 1 paso	Indica si el movimiento se publicará en uno o dos pasos (para pedidos de transporte de stock = transferencias de stock entre plantas / empresas) Si el movimiento se realiza en un solo paso, una vez que el stock sale de la empresa de envío, el stock se transfiere automáticamente a la empresa receptora. Si el movimiento se realiza en dos pasos, cuando el stock sale de la empresa de envío, el stock se traslada a stock en tránsito y, luego, cuando se recibe físicamente en el otro sitio, se contabiliza la entrada de mercancías.
Tipo de Pedido de compras	Esta es la orden de compra o solicitud de compra. Se usa si el movimiento en Ventas generará automáticamente una requisición de compra.
P Req Delivery Schedule	Indica si el movimiento generará una solicitud de compra, o si necesitarás agregar una línea en la lista de requerimientos de compra.
Tipo de posición	Indica si la operación será estándar (stock normal) o con una categoría especial (stock de subcontratación, proyecto, etc.).
Categoria de contabilidad especial	Indica si la operación se asignará a un indicador de cuenta especial (proyecto, activo fijo, centro de costo, etc.).
Actualizar repartos	Esto se usará para programar pedidos de repartos.
Requerimientos para planificacion	Indica si los requisitos se van a transferir para la planificación. Nota: Si está desactivado, la cantidad de la orden de venta no se considerará en los requisitos en producción.
Disponibilidad	Indica si el artículo va a tener verificación de disponibilidad activa.

Al hacer la verificación de disponibilidad, el sistema verifica la fecha requerida de entrega del cliente.

Basado en la producción estimada y otros pedidos para el mismo material, el sistema entonces calcula la fecha en que el producto estará disponible para surtir el pedido.

Si la fecha disponible está dentro de la fecha requerida por el cliente el sistema confirma el pedido en automático.

Si la fecha estimada es posterior a la fecha requerida, el sistema propondrá una nueva fecha de entrega.

Si el sistema no puede confirmar el pedido, este no podrá quedar programado para entregarse.

Configuración – Asignar líneas de reparto

Asignando una línea de reparto	
Ruta de Menú	SPRO> Ventas> Documento de ventas> Programar líneas> Asignar líneas de reparto.
Transacción	SPRO

Una vez que creaste los tipos de línea de reparto, debes realizar la asignación a la categoría del artículo y el tipo de planificación de necesidades para el material.

Esta combinación le permitirá al sistema determinar automáticamente una línea de reparto para cada posición.

IMPORTANTE: Cada posición del pedido requiere un tipo de línea de reparto. Si el sistema no está configurado para definirlo automáticamente, es necesario que el usuario lo seleccione al momento de realizar el pedido.

Para productos que requieren entrega de inventario, esta información es obligatoria, mientras que para los servicios, que pueden no requerir realizar un documento de entrega, la información es opcional.

Las combinaciones estándar ya están definidas en SAP, pero en caso de que necesites determinar una nueva combinación para la línea de programación apropiada, debes realizar la siguiente configuración:

❖ Selecciona una combinación existente (similar a lo que necesitas) y cópiala.

La combinación más comúnmente utilizada es:

• TAN (productos normales) || Tipo MRP = En blanco = Línea de programación CP

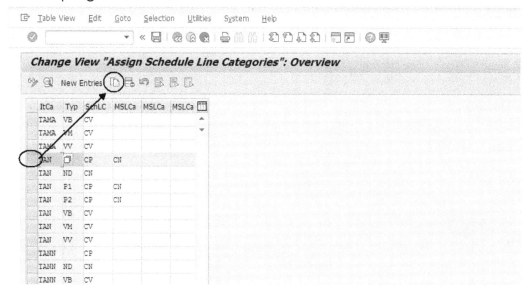

Configuración – Rangos de números para pedidos de cliente

Rangos de números para pedidos de cliente	
Ruta de Menú	SPRO> Ventas y distribución> Ventas> Documentos de ventas> Definir rangos de números para documentos de ventas
Transacción	VN01

En esta transacción, definirás los rangos de números disponibles para el pedido de cliente.

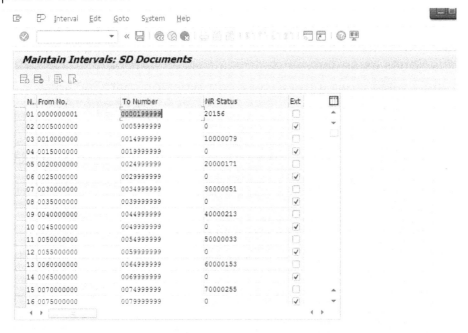

Cada pedido creado se identifica en el sistema con un número de identificación único, es decir, no existirán en el sistema 2 pedidos con el mismo número.

Hay dos tipos de rangos numéricos:

• asignados internamente por el sistema automáticamente.

• asignados externamente por el usuario al momento de crear el documento

La opción más común es la opción interna, donde el sistema realiza un seguimiento de los números consecutivos, y con cada orden de venta nueva creada, el intervalo se actualiza automáticamente.

El número asignado externamente se usa normalmente si estás utilizando una interface en la que deseas mantener el mismo número de referencia en ambos sistemas.

Otra razón para utilizar un número asignado externamente es si existen requisitos comerciales o legales para identificar el pedido de cliente.

Todos los documentos originales de SAP normalmente ya están asignados a un intervalo existente.

Es una práctica común separar grupos de órdenes de venta en diferentes intervalos de números, ya que esto te permitirá diferenciar los tipos de documento inmediatamente, ya sea una entrega de ventas, una devolución o una transferencia de stock.

IMPORTANTE: Los rangos de números no son transportables, lo que significa que tendrás que volver a crearlos en cada ambiente (Desarrollo, sandbox, calidad, Productivo).

En un nuevo proyecto de implementación, esto será parte de las actividades "manuales" en el arranque en productivo (Cutover).

Para un entorno ya productivo, el equipo técnico deberá abrir el sistema para configuración en el momento en que realices los cambios.

❖ Selecciona la opción "Editar intervalos". Allí, puedes editar un rango existente, especificando el número inicial y final del rango

❖ Para rangos asignados internamente, hay una columna llamada "Estado NR - Estado de rango numérico", que te indica el número de documento más actualizado dentro de ese rango.

❖ El "Número Hasta" debe ser mayor que el "Número de estado NR" para los rangos asignados automáticamente.

La opción "Ext" indica si el rango será interno o externo.

Si es externo, lo que significa que tendrás que indicar manualmente el número del documento, debes hacer clic en la casilla de verificación y marcarlo como activado, de lo contrario, debes dejarlo sin marcar.

Te recomendamos crear intervalos de documentos bastante amplios.

Si el intervalo para documentos disponibles no es muy grande, esto reducirá los números disponibles que tendrás para cada intervalo, especialmente si está implementando en una empresa con un alto volumen de transacciones.

Nuevamente, si el número es muy pequeño, corres el riesgo de quedarte sin números disponibles en un intervalo y necesitas crear un nuevo intervalo, asignarlo a los documentos, etc.

IMPORTANT: Los intervalos de números se comparten entre pedidos de cliente, entregas y facturas. No es una práctica común asignar el mismo intervalo a diferentes tipos de documentos.

Ejemplo: Pedido de venta Tipo O con intervalo 01, Entrega tipo DL con intervalo 01? NO

8. ENTREGAS

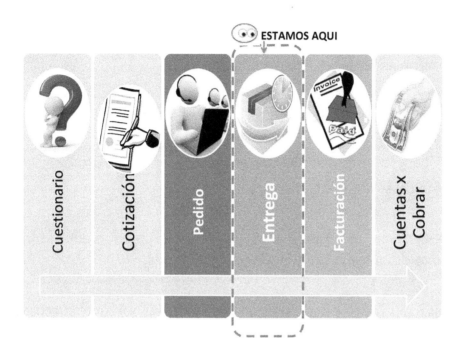

8.1. USOS Y FUNCIONALIDAD

Una vez que creaste el documento de ventas, el siguiente paso es comenzar el proceso de envío (para los documentos que requieren una entrega).

En este proceso, el personal del almacén puede prepararse para recoger las mercancías, empaquetarlas (si corresponde) y prepararlas para el envío.

También en este momento, ya puedes generar cualquier documentación que deba imprimirse para el embarque (consulta el Capítulo 9 para obtener detalles específicos sobre cómo imprimir formatos impresos).

Una vez que las mercancías salen de las instalaciones de la empresa, la salida de mercancías se contabiliza en el sistema y los niveles de inventario se actualizan automáticamente para reflejar esto.

SAP proporciona los tipos de entrega más comunes requeridos para las operaciones de entrega. Por ejemplo:

• LF - Entrega estándar

• LR - Devoluciones de entrega

• NL – entrega de Traspaso (para pedidos de transferencia de stock entre plantas)

• NLCC - para la entrega de ventas entre compañías del grupo.

NLCC – for Cross company delivery

En este capítulo te explicaremos el proceso para crear un nuevo documento de entrega normal y las devoluciones.

Esta transacciones se puede utilizar en cualquier momento junto con el procesamiento de entrega colectivo.

Funcionalidad – Crear un nuevo documento de entrega (individualmente)

Creación de un nuevo documento de entrega	
Ruta de Menú	Logística> Ventas y distribución> Envío y transporte> Entrega de salida> Crear> Documento único> Con referencia a un pedido de ventas
Transacción	VL01N

En esta transacción, una vez que completaste el pedido de venta, puedes crear el documento de entrega: VL01N.

En este caso, necesitamos capturar el punto de embarque y el número de pedido.

NOTA: El punto de embarque está determinado desde el pedido de ventas, por lo que el punto de embarque debe coincidir con el que estamos capturando.

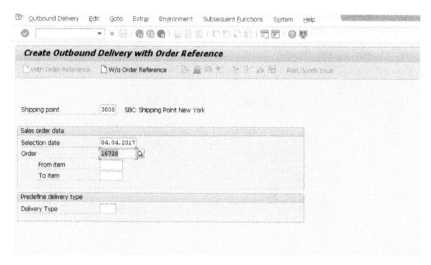

❖ Después de esto, selecciona el icono de entrar. Aparecerá la pantalla principal para crear el documento de entrega..

Si tus materiales normalmente no se manejan por lotes, solo deberás ingresar la cantidad total a entregar.

Si uno (o varios) de tus productos se administran en lotes, también deberás ingresar el número de lote (o números) correspondientes y sus cantidades para completar la cantidad total.

❖ Confirma la cantidad

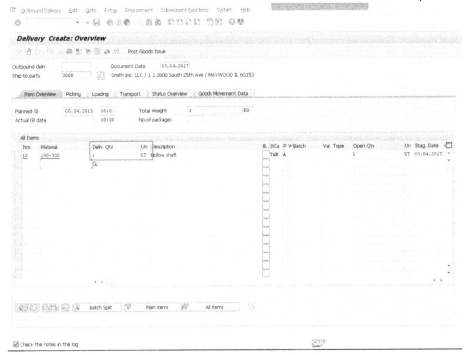

❖ Ingresa la ubicación de la planta / almacén.

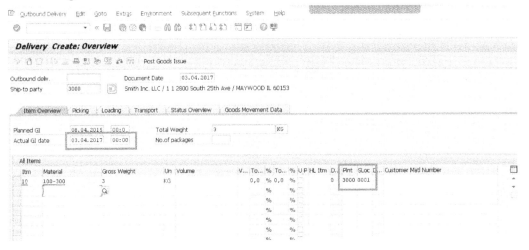

❖ En algunos casos, será necesario hacer el procedimiento de "Picking" o "confirmación de la entrega", y puedes hacerlo debajo de la pestaña de picking ingresando la cantidad real a descontar del almacén.

❖ Una vez que ingresaste la cantidad elegida, el estado cambiará de "A - Aún no procesado" a "C - Completamente procesado".

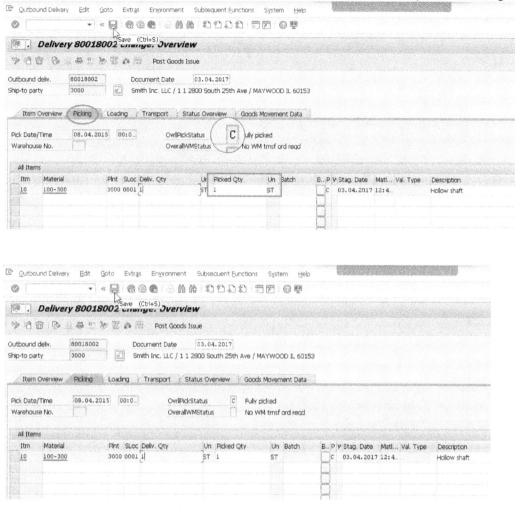

- ❖ Una vez que capturada esta información, deberás registrar la salida de mercancías en el sistema.

- ❖ Puedes hacerlo seleccionando el botón "**salida de mercancías**" en el menú:

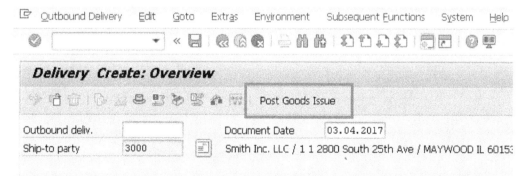

Esto guardará el documento de entrega y también reducirá el inventario en el sistema por la cantidad ingresada en el documento de entrega.

Para pedidos de ventas que requieren entrega, únicamente después de que se haya completado la salida de las mercancías, se pueden facturar.

En el caso de devoluciones o entrega entrante, el botón Salida de mercancías cambia a "Contabilizar entrada de mercancías". Al usarlo, en lugar de reducir el inventario, el sistema aumenta la cantidad del mismo.

Una vez que se haya grabado el documento de entrega, el sistema generará el nuevo número de entrega.

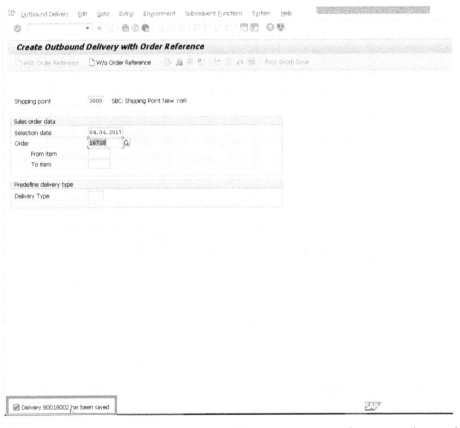

Cuando grabas la entrega, inmediatamente puedes visualizar el flujo de documentos y revisar el manejo de materiales para verificar la contabilización del inventario (consulta la sección 7.1.4 - Mostrar un documento de entrega para mayor detalle).

Funcionalidad – Crear un nuevo documento de entrega (colectivo)

El paso anterior es útil para procesar documentos de entrega individuales (de uno x uno).

Sin embargo, si tienes una gran cantidad de documentos para procesar, puedes utilizar la transacción de "entrega colectiva".

Esta funcionalidad te permitirá crear automáticamente todas las entregas para una fecha de vencimiento particular en un solo paso!

Para crear nuevos documentos de entrega de forma colectiva, tienes varias opciones:

• Transacción VL10A - Lista de pedido de ventas (a nivel de cabecera). Te muestra una lista resumida de los pedidos pendientes x entregarse.

• Transacción VL10C - Lista de pedidos de ventas (a nivel de artículo). Muestra una lista detallada a nivel de artículo de los pedidos que están pendientes x entregarse.

• Transacción VL10E - Lista de pedidos de ventas (a nivel de línea de programación)
	Muestra la lista detallada a nivel de repartos para pedidos pendiente x entregarse

• Transacción VL10G - Lista de pedidos de venta y pedidos de compra para crear los documentos de entrega. Muestra la lista detallada a nivel de repartos para pedidos venta y también los de transferencias entre plantas o compañías.

Nota: La funcionalidad para crear documentos de entrega salientes para pedidos de compra está relacionada con los pedidos de transporte de stock.

Para empezar, primero debes seleccionar la transacción correspondiente al tipo de entrega colectiva que planeas realizar.

Este ejemplo cubrirá en detalle la opción para pedidos de ventas a nivel de artículo (suponiendo que deseas ver los detalles de los artículos que se envían) pues es una de las más utilizadas.

La transacción correspondiente para esto es VL10C (artículos de pedido de venta). En esta transacción, deberás ingresar:

• Punto de embarque: Este es el lugar desde donde se entregarán las mercancías. Para algunos proyectos, puede haber varios puntos de embarque para una sola planta.

> Ejemplo: pedidos urgentes de muelle, envío regular.

• Fecha de creación de la entrega: Esta es la fecha en que se planea realizar la entrega.

> o Normalmente las fechas que aparecen aquí se configurarán para seguir un patrón específico. Ejemplo: fecha de hoy + 30 días.

> Nota: Las entregas anteriores a la fecha de entrega inicial seguirán apareciendo automáticamente, ya que se suponía que debían enviarse antes de esa fecha.

• Datos adicionales:

> o Puedes incluir información adicional sobre los datos generales (cliente, división, etc.), pedido de venta (número de pedido de venta, oficina de ventas, etc.), materiales y clientes.

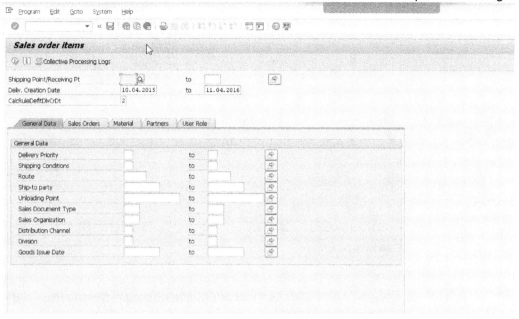

❖ Después de ingresar esta información, selecciona el ícono

ejecutar o haz clic en F8 para obtener los resultados.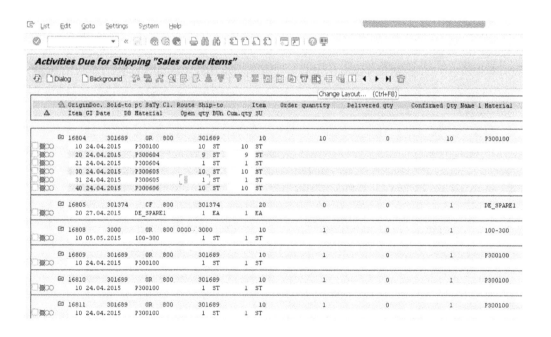

❖ Esta pantalla muestra todos los artículos de línea que tienen un artículo pendiente de entrega.

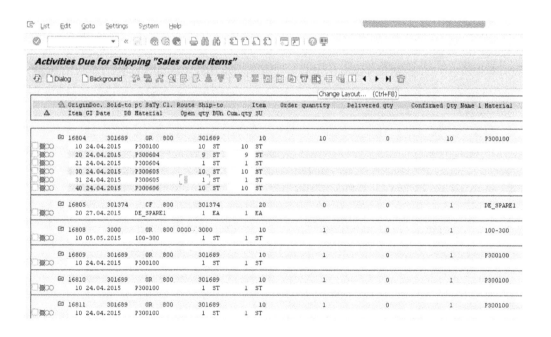

Puedes seleccionar todos los elementos a la vez con el icono

"Seleccionar todo" 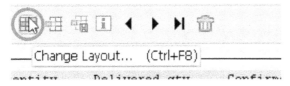 o seleccionar un número determinado de líneas individuales.

También es posible resumir algunos elementos (como el peso) y agregar / ocultar algunas de las columnas que se muestran a través del icono Cambiar diseño.

IMPORTANTE: Si seleccionas varios pedidos, solo se pueden combinar en la misma entrega si tienen la misma información de cabecera (cliente, punto de embarque, etc.), de lo contrario, se dividirán en varias entregas.

❖ En este caso, selecciona un pedido para convertirlo en entrega y solo dos de los tres artículos solicitados para la entrega (vamos a suponer que el otro artículo no estaba disponible para la entrega y que los artículos entregados se necesitaran lo antes posible).

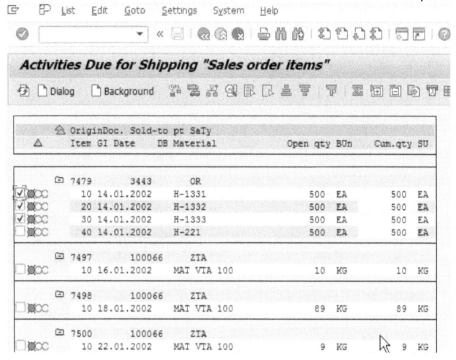

8.1.1.1. Opción de diálogo

Seleccionaremos la opción de diálogo, ya que queremos procesar solamente esta entrega en particular.

Si quisiéramos seleccionar varios y procesarlos al mismo tiempo, podemos marcarlos para la generación de fondo.

El cuadro de diálogo nos llevará a la misma pantalla como si hubiéramos usado "VA01 - Crear entrega",

NOTA: El usuario debe tener acceso a ambas transacciones para poder completar el proceso (VL10 y VL01N).

Esta es la pantalla generada para los artículos, y el proceso a seguir es el que se describe en la sección crear un documento de entrega (individualmente).

8.1.1.2. Crear entregas colectivas en Fondo

En la opción para crear documentos de entrega en fondo, selecciona uno o más documentos que se generarán (elementos) y ejecuta el reporte.

Después de esto, se generará una lista de documentos de acuerdo con los requisitos del pedido de ventas.

Las nuevas entregas se crean automáticamente y, al final, el sistema generará una lista de los documentos recién creados.

Si seleccionas varios artículos o líneas, y pertenecen al mismo cliente, organización de ventas y punto de embarque el sistema combinará automáticamente esos pedidos en una sola entrega.

La razón de esto es que el sistema asume que desea enviar productos de la manera más eficiente y, a menos que se haya determinado lo contrario (a través de datos maestros o configuración), intentará minimizar el número de entregas diferentes lo más posible.

Ejemplo: En la siguiente pantalla, se han seleccionado dos pedidos de venta diferentes (Pedido 15994 y pedido 15990), ambos pertenecientes al mismo cliente 301555.

Como resultado, se espera que el sistema envíe el producto en un solo pedido de entrega.

Al final, se generará una lista de documentos. Después de eso, el proceso continúa como una entrega generada individualmente.

Funcionalidad – Modificar un documento de entrega

Modificar un documento de entrega existente	
Ruta de Menú	Logística> Ventas y Distribución> Envío y transporte> Entrega de salida> Modificar
Transacción	VL02N

❖ Para actualizar un documento de entrega existente, usa la transacción VL02N.

❖ Para esta transacción, ingresa el número del documento de entrega y selecciona el ícono ingresar.

Una vez guardada la entrega y registrada la salida de mercancías, hay muy pocos campos que se pueden modificar.

Si necesitas hacer correcciones, en este caso primero debes cancelar la salida de mercancías (consulta la Sección 7.1.5 Cancelación de la salida de mercancías).

❖ Para los campos modificables o una vez que se hizo la cancelación de la salida de mercancía, registra los cambios o correcciones que deseas realizar y guarda el documento.

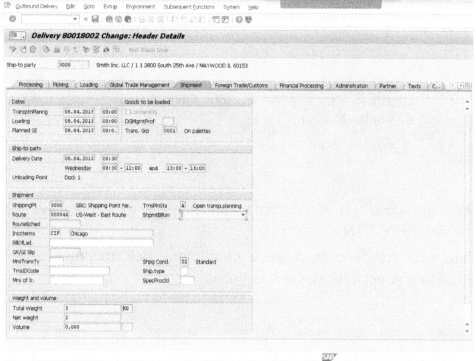

Una vez que guardaste el documento, los cambios quedan registrados, mostrando un mensaje que indica que el documento se ha guardado.

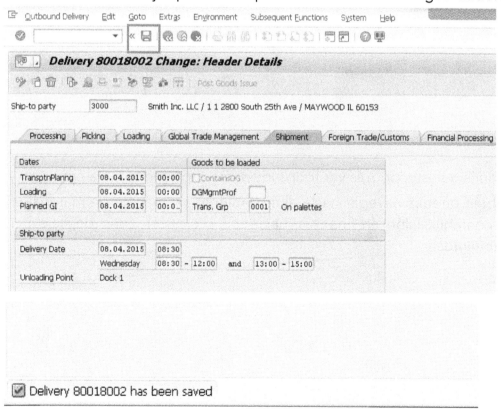

Funcionalidad – Visualizar un documento de entrega

Visualización de un documento de entrega existente	
Ruta de Menú	Logística> Ventas y distribución> Envío y transporte> Entrega de salida> Mostrar
Transacción	VL03N

* ❖ Para visualizar un documento de entrega existente, usa la transacción VL03N.
* ❖ Para esta transacción, ingresa el número del documento de entrega y selecciona el ícono ingresar.

Después de esto, podrás ver todos los datos capturados en la entrega.

También puedes navegar hasta el movimiento de manejo de materiales y la contabilización en finanzas, haciendo clic en el icono de flujo de documentos.

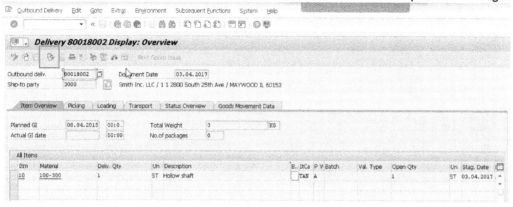

Esta pantalla te mostrará los diferentes documentos contabilizados como resultado de la salida de mercancías.

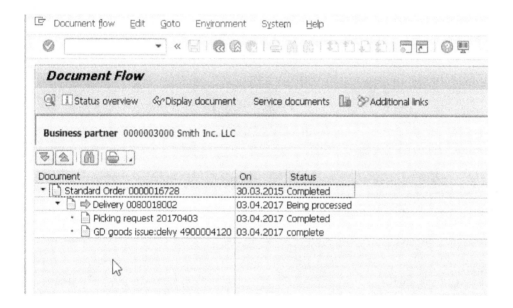

Dentro del documento de gestión de materiales, puede ver el movimiento publicado, así como el documento contable.

Esta pantalla te mostrará los diferentes documentos contabilizados como resultado de la salida de mercancías.

Si haces doble clic en el documento contable, verá el impacto en finanzas.

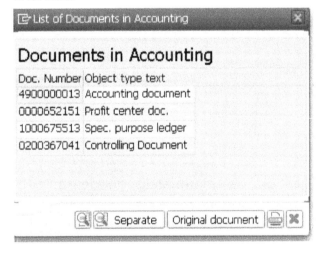

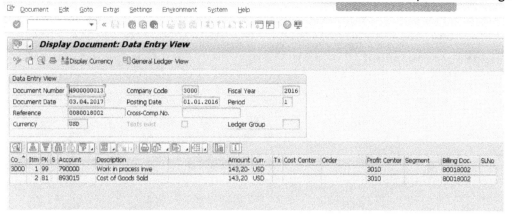

Cancelación de salida de mercancías

En caso de que necesites modificar un documento de entrega que ya se ha registrado, deberás cancelar la salida de mercancías.

Este proceso de cancelación devolverá las existencias al inventario en el sistema y actualizará financieramente las cuentas correspondientes para este movimiento (como el inventario o el costo de ventas en finanzas).

La transacción para esta operación es VL09.

Aquí, deberás ingresar los parámetros para obtener la lista de las entregas que se pueden revertir.

Nota: Si la entrega ya fue facturada, su salida de mercancías no podrá cancelarse hasta que se cancele la factura correspondiente.

• Para este reporte, después de ingresar los parámetros, seleccione el ícono de ejecución para continuar.

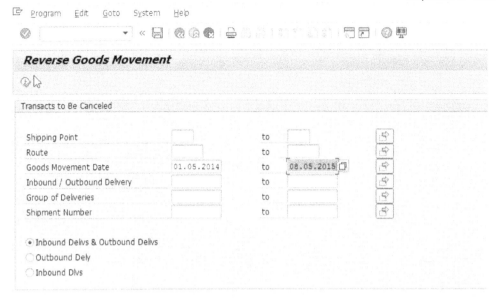

❖ En la siguiente pantalla, selecciona la entrega que deseas cancelar y selecciona el icono de ejecución.

Nota: La fecha de cancelación siempre se propone como la fecha en que se ejecuta la transacción.

En caso de que necesites una fecha diferente, antes de ejecutar el proceso inverso, deberás establecer la nueva fecha en la que quieres contabilizar la cancelación.

Ejemplo: Vamos a pensar que deseas anular la salida de mercancía, pues la planta desea aplicarla en el período anterior.

Desafortunadamente, hoy es el 8 de mayo! Entonces, para contabilizar el regreso con fecha al 30 de abril, necesitas hacer clic en Definir fecha y capturar la nueva fecha.

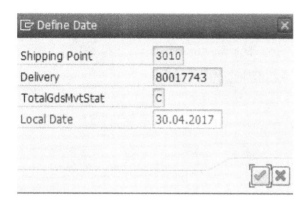

❖ Después de estos, puedes contabilizar el reverso del documento. El sistema generara un aviso de confirmación para preguntarte si deseas continuar con el proceso. Haz clic en la marca de verificación verde para continuar.

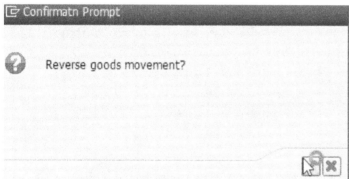

Si todo está correcto, el sistema indicará que el movimiento se ha registrado correctamente (o un mensaje de error si hubo algún problema).

8.2. CONFIGURACIÓN

Configuración – Nuevo tipo de documento de entrega

Creación de un nuevo tipo de documento de entrega	
Ruta de Menú	SPRO> Logística Ejecución> Envío> Entregas
Transacción	OVLK

El tipo de entrega te proporciona una forma de agrupar las diferentes opciones de entrega para la organización.

SAP normalmente incluye los tipos de entrega más comunes para usar.
Ejemplos:

- BV - Venta en efectivo
- LF - Entrega normal
- LR - Entrega de devoluciones
- NL - Reposición de reposición
- NLCC - Reaprovisionamiento Cross Company.

Sin embargo, si necesitas agregar un nuevo tipo de entrega, la mejor práctica es crear un nuevo tipo de entrega que se ajuste a las necesidades de tu empresa.

En este ejemplo, crearás un nuevo tipo de entrega, copiando desde LF - Entrega normal.

❖ Primero, selecciona el tipo de entrega original (LF) y luego selecciona el icono de copiar

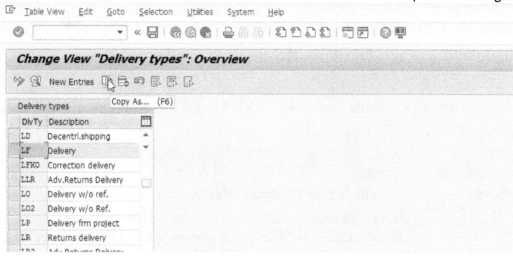

❖ A continuación, completa la información correcta (según las necesidades de tu empresa).

❖

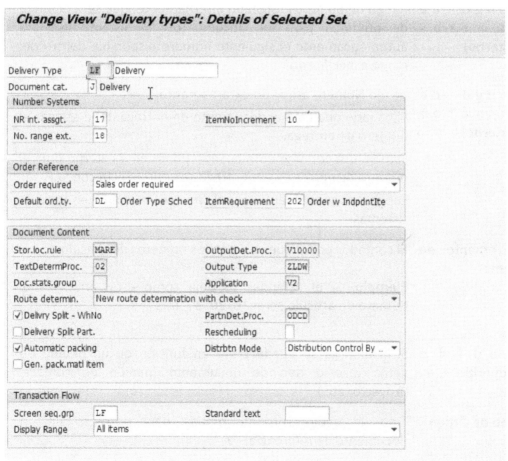

Dependiendo de los parámetros incluidos en el tipo de documento, la entrega se comportará de una manera diferente, por lo que es importante aclarar la funcionalidad asociada a cada campo:

Los campos importantes se detallan en la siguiente tabla:

Campo	Uso
Entrega	Tipo de la nueva entrega / descripción.
	Nota: Ya que estás creando un nuevo documento, se recomienda usar "Z" o "Y" al comienzo de la ID (hasta cuatro caracteres alfanuméricos) - ZNOR (Para Normal)
Categoria del documento	Tipo de operación para logística. Normalmente se utiliza "J" para la entrega de salida.
R a n g o d e n ú m e r o s (Interno)	Rango de números asignado internamente, que será el rango de números para los documentos. El sistema asignará automáticamente el siguiente número disponible dentro del rango especificado
R a n g o d e n ú m e r o s (Externo)	Rango Número asignado externamente.
	El usuario que crea el documento de entrega debe asignar el número de entrega.
	Esto se usa comúnmente cuando un sistema externo crea el número de entrega y esa entrega se interconecta con SAP.
	Luego, puedes mantener el mismo número en ambos sistemas.
Incremento de items	El contador por el que se crean los números de artículo.
	Ejemplo: Si el estándar se deja como está, entonces el número de artículo será: 10, 20, 30, etc.
P e d i d o requerido	Si la entrega se puede crear en función de un pedido de venta u otro tipo de documento (pedido de compra, proyecto, etc.)
Tipo de Orden	Tipo de pedido predeterminado para entregas sin un documento de referencia.

Campo	Uso
I t e m Requirement	Requisito del artículo para la entrega del artículo creado sin un documento de referencia. Nota: Un requisito es una condición que debe cumplirse para que el artículo se incluya en la entrega.
Separación de entrega por numero de almacén	La entrega se separa según el número de almacén. Si los artículos tienen diferentes números de almacén y se ha incluido la marca de verificación, se generarán dos o más números de entrega diferentes, separándolos por el número de almacén.
Separación de entrega por socio comercial	Separación de entrega según los socios comerciales. Si se incluyen diferentes clientes en la entrega (especialmente "entregado a"), entonces las entregas se dividirán según esos socios.
Reprogramación	Indica si la entrega se puede reprogramar o si se debe entregar en la fecha programada original.
Empaque automático	Indica si el sistema intentará encontrar las instrucciones de empaque automático.
Modo de distribución	Indica cómo debe distribuirse la entrega al sistema de gestión de almacenes.
Materiales de empaque	Indica si la entrega debe generar artículos automáticamente para el manejo de los materiales de empaque de las unidades.
Grupo de secuencia	La secuencia de los diferentes campos que se mostrarán en la pantalla.

Configuración – Control de copia

Control de Copia	
Ruta de Menú	SPRO> Ejecución logística> Envío> Control de copia> Especificar control de copia para entregas
Transacción	VTLA

En el control de copia, se establece la relación entre un pedido de cliente y una entrega.

La idea es definir los datos se copian automáticamente desde el pedido a la entrega.

Es necesario incluir todas las combinaciones posibles que permitirás para sus tipos de documentos.

Si no ingresas una combinación particular entre órdenes de venta y entregas, entonces no podrás crear un documento de entrega basado en ese tipo de documento en particular.

Esto es útil cuando tienes usuarios que pueden crear solo ciertos tipos de entregas, por ejemplo, pedidos urgentes, pedidos especiales, etc., por lo que solo se pueden crear a partir de los pedidos de ventas especificados.

Parte de esta relación entre pedido y entrega puede configurarse a nivel de encabezado, como la división de entrega, mientras que otra parte de esta relación se incluye a nivel de posición.

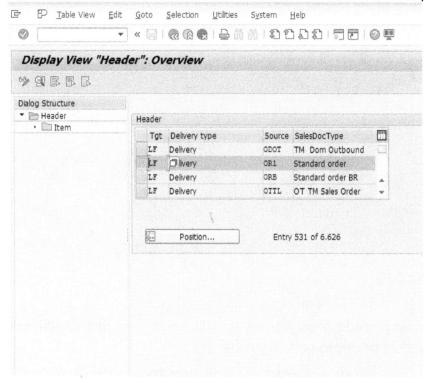

Puedes configurar el control de copia a nivel de encabezado o nivel de posición.

❖ Para verificar o modificar la configuración en el nivel de la cabecera, selecciona la combinación de documentos que necesitas y selecciona la opción "detalles".

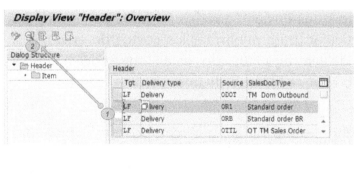

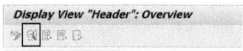

En el nivel de cabecera, hay diferentes campos importantes:

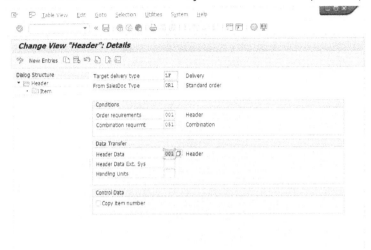

- Los requisitos de pedido incluyen las condiciones que deben existir para que el pedido se copie en la entrega.
  - Si no se cumplen esas condiciones, el documento de origen no se copiará a la entrega.
  - En caso de que necesites verificaciones particulares antes de copiar tu documento, hay validaciones estándar disponibles y puedes definir las tuyas a través de ABAP.

- Los requisitos de combinación determinan puedes combinar diferentes pedidos en una entrega o no.
  - Esto es útil cuando estás enviando varios pedidos de venta para un cliente en particular (para minimizar los costos de envío) o si tienes una ruta de entrega cuando estás enviando a varios clientes en un solo envío a lo largo de una ruta.

- Los datos de encabezado determinan qué campos se copian del pedido de cliente a la entrega.
  - De forma automática, en la fórmula estándar 001 se copian los datos más utilizados, incluidos la planta, el material y la cantidad.

- Si necesitas copiar datos adicionales, las fórmulas estándar se pueden actualizar a través de ABAP.

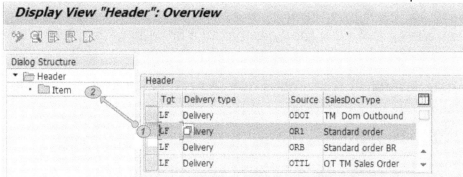

Para ver el control de copia a nivel de elemento, selecciona la combinación y haz doble clic en la carpeta "Elemento".

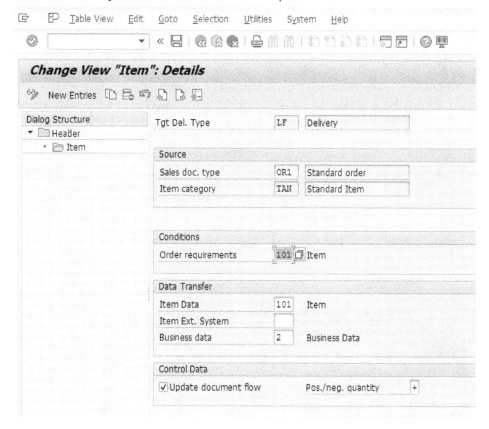

A nivel de posición, tendrás el control de copia detallado desde la línea de pedido de venta hasta la posición de la entrega.

También puedes definir los requisitos para que un artículo se copie o no en una entrega.

Ejemplo: es posible que no desees tener un producto de regalo en un tipo de entrega en particular (por ejemplo, una entrega urgente).

Además, puedes definir los campos que se copiarán a nivel de artículo desde la orden de venta hasta la entrega.

• Actualizar flujo de documentos" es relevante si deseas que los datos copiados formen parte del flujo de documentos original. Es posible que un documento no deba estar en el flujo de documentos, sino que solo sirva como documento de referencia.

• El efecto positivo, negativo o cero en la cantidad se refiere a cómo la cantidad copiada afectará la cantidad pendiente de completar en el documento de origen.

> Ejemplo: en un pedido de venta de 100 piezas, si copias 80, la cantidad a la que se hace referencia aumenta (efecto positivo) y solo le quedan 20 piezas para entregar.

> Un efecto cero será un documento que usará como referencia y no necesitarás realizar un seguimiento de la cantidad a la que se hace referencia.

Configuración – Tipo de posición en entrega

Tipo de posición en entrega	
Ruta de Menú	SPRO> Ejecución logística> Envío> Entregas> Definir tipo de posición para entregas
Transacción	0VLP

Los tipos de posición en la entrega determinan el comportamiento de cada uno de los artículos de entrega.

Es posible que una misma entrega tenga diferentes tipos de posición en sus diferentes líneas, cada una con sus propios requisitos previos y valores predeterminados.

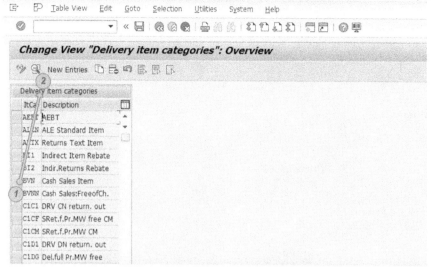

Para crear un nuevo tipo de posición, usa el botón "Nuevas entradas" o copia uno existente (recomendado).

Las categorías de artículos más utilizadas son:

- TAN - Artículo estándar
- TATX - Elemento de texto
- TANN - Artículo gratis
- IMPUESTO - Artículo no disponible
- REN - Devuelve el artículo
- NL - Orden de transporte de stock
- NLCC - Ventas entre compañías

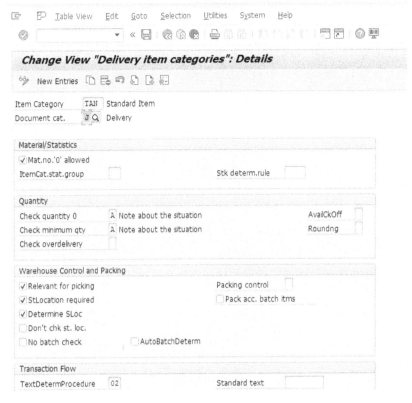

En este detalle, configura si el artículo es relevante para el picking, si requiere una ubicación de almacenamiento, etc.

Las verificaciones automáticas se pueden activar o desactivar según tus necesidades.

Ejemplo: Es posible que no desees realizar una verificación de disponibilidad al realizar una entrega particular (verificar si hay inventario suficiente para cumplir su pedido), por lo que debes marcar el indicador correspondiente.

Hay varios campos importantes en esta sección, como se indica en la siguiente tabla:

Campo	Uso
Cantidad ¨0¨permitida	Si está marcado, indica que se permite un material con una cantidad de 0 en la entrega. **Ejemplo:** un artículo al menudeo se puede dejar con una cantidad de 0.
Revisar por la cantidad 0	Revisar si la cantidad en la entrega se ha dejado como 0 . Si así fue, determina si se debe emitir un mensaje, una advertencia (aviso sobre la situación solamente) o un error.
Revisar la cantidad mínima	Determina si el artículo debe verificar la cantidad mínima establecida para el producto o cliente, y cuál debe ser el comportamiento si no se cumple esta cantidad mínima (sin mensaje, advertencia o error).
Revisar la sobre entrega	Determina si el artículo debe verificar si se supera la cantidad máxima de entrega y cuál debe ser el comportamiento (sin mensaje, advertencia, error).
Verificación de disponibilidad "OFF"	Determina si no se debe realizar una verificación de disponibilidad para este artículo. **Nota:** Esta es una lógica "negativa". Puede indicar si debe estar "APAGADO". Si indica "SÍ", significa que NO desea realizar la verificación de disponibilidad.
Redondeo	Determina para este artículo si se debe aplicar la cantidad de redondeo (si el material tiene una cantidad de redondeo).
Relevante para Picking	Si está marcado, indica que el artículo requiere picking, y esta información se debe completar en la entrega antes de continuar.
Se requiere almacén	Se requiere Almacén
Determine Almacén	Si está marcado, indica que la ubicación de almacenamiento debe determinarse automáticamente. **Nota:** Si vas a marcar este indicador, también debes configurar los parámetros que permitirán determinar la ubicación de almacenamiento.

Campo	Uso
No verificar Almacén	Si está marcado, indica que el artículo no debe verificar si el material se creó en la ubicación de almacenamiento particular desde donde se enviará.
Sin verificación de lote	Si está marcado, indica que el artículo no debe verificar la existencia del número de lote registrado en la entrega.
Determinación automática de lotes	Si está marcado, indica que el artículo debe realizar la determinación automática de lotes. **Nota:** Si marcas este indicador, también debes configurar los parámetros para determinar automáticamente el lote.
Control de empaque	Si está marcado, indica que activarás el control de empaque para el artículo, y si el artículo puede ser empaquetado o DEBE ser empaquetado. **Nota:** Si está marcado, toda la información relevante del empaque, como las instrucciones del empaque, y la configuración relevante también deben completarse.
Empacar de acuerdo a los lotes	Si están marcados, el artículo *y cada uno* de sus lotes deben empacarse antes de completar la entrega. De lo contrario, solo el artículo principal puede ser empacado.

Configuración – Determinación del tipo de posición.

Definir determinación de tipo de posición	
Ruta de Menú	SPRO> Ejecución logística> Envío> Entregas> Definir determinación de tipo de posición en entregas.
Transacción	0184

En esta transacción, se realizará un enlace entre la clase de entrega y la categoría del artículo.

La combinación de tipo de entrega, grupo de artículos, uso y categoría de artículos para un artículo de nivel superior determina la categoría de artículos que se utilizará.

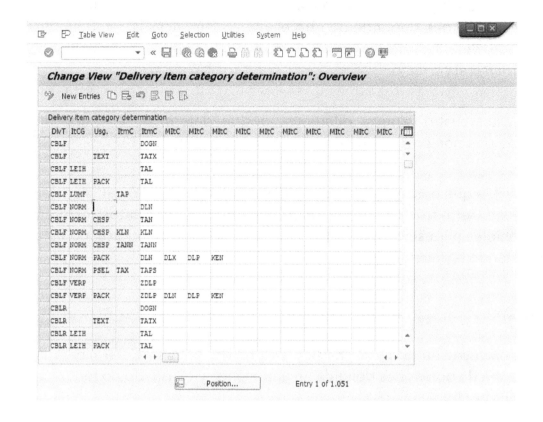

El tipo de entrega debe determinar al menos una categoría de artículo para funcionar correctamente.

El tipo de posición está asociado al maestro de materiales a nivel de área de ventas.

El uso es cómo se utilizará el artículo en la transacción. Los usos más comunes son: "En blanco" o NORM (el uso estándar para los materiales de inventario).

Otros usos son específicos, como PACK para el envío de empaques adicionales (como contenedores especiales, tarimas, etc.), FREE para productos gratis, CHSP para división de lotes, etc.

Nota: : La lista completa de usos para artículos se puede encontrar en SPRO> Logistics Execution> Shipping> Deliveries> Define Item Category Usage.

El grupo de Tipos de posición a nivel superior es donde tiene un subelemento que depende de otro elemento, entonces la categoría de posición de subelemento dependerá de su elemento principal para determinar el correcto.

Con estos cuatro campos diferentes, podrás determinar el grupo de tipo de posición propuesto en automático por el sistema.

Es posible que desees incluir categorías de tipo de posición adicionales que se permitirán capturar manualmente. Estos datos estarán disponibles para ser actualizados manualmente cuando el usuario esté ejecutando la entrega.

Si no incluyes un tipo de posición alternativo, solo se determinará la categoría de posiciones definida en automático y el usuario no tendrá la opción de cambiarla.

Configuración – Rangos de números para entregas

Rangos de números para entregas	
Ruta de Menú	SPRO> Ejecución logística> Envío> Entregas> Definir rangos de números para entregas
Transacción	VN01

En esta transacción, puedes definir los rangos de números disponibles para los tipos de entrega.

IMPORTANTE: El intervalo de rangos de números se comparte entre pedidos de ventas, entregas y documentos de facturación, y es una buena práctica separar los rangos para identificarlos más fácilmente.

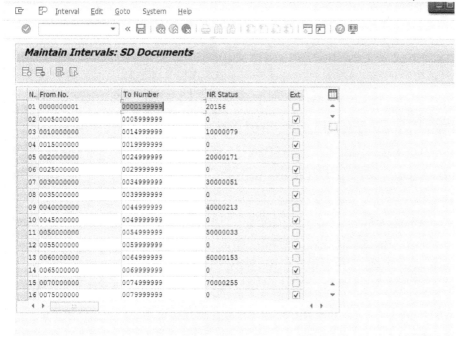

Cada documento de entrega creado se identifica en el sistema con un número de identificación único.

Hay dos tipos de rangos de números: asignados internamente por el sistema y asignados externamente.

La opción más utilizada es la interna, donde el sistema realiza un seguimiento de los números consecutivos y, con cada nuevo documento de entrega creado, el intervalo se actualiza automáticamente.

El número asignado externamente se usa normalmente si estás utilizando una interfaz donde deseas mantener el mismo número de entrega en ambos sistemas. Otra razón para usar un número asignado externamente es si existen requisitos comerciales o legales para identificar las entregas.

Todos los documentos originales de SAP normalmente ya están asignados a un intervalo existente.

254

Es una práctica común separar grupos de tipos de entrega en diferentes intervalos, ya que esto te puede ayudar con solo mirar el número del documento si se trata de una entrega de ventas, una devolución o una transferencia de stock.

IMPORTANTE: Los rangos de números no son transportables, lo que significa que tendrás que volver a crearlos en cada ambiente.

En un nuevo proyecto de implementación, esto será parte de las actividades "manuales" en el plan de arranque en productivo.

Para un ambiente ya en operación de productivo, el equipo técnico tendrá que dar autorización y permitir que la configuración este abierta para cambios durante el tiempo que realices los cambios.

Para los rangos asignados internamente, hay una columna llamada "Estado de NR - Estado del rango de números", que te indica el último número de documento creado dentro de ese rango.

El "Número de documento" no puede ser inferior al "Número de estado de NR" para los rangos asignados automáticamente.

La opción "Ext" indica si el rango será interno o externo. Si es externo, el usuario al crear la entrega deberá indicar manualmente el número de documento. Para configurarlo, haz clic en la casilla de verificación para ACTIVAR. De lo contrario, necesitas dejarlo apagado.

No se recomienda crear intervalos demasiado granulares (pequeños), ya que esto reducirá los números disponibles que tendrás para cada intervalo, especialmente si estás implementando en una compañía con un alto volumen de transacciones.

Al hacer esto, corres el riesgo de quedarte sin números disponibles en un intervalo y necesitas crear un nuevo intervalo, asignarlo a los documentos, etc.

9. FACTURACION

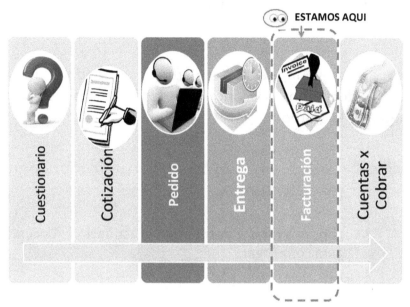

ESTAMOS AQUI

Cuestionario · Cotización · Pedido · Entrega · Facturación · Cuentas x Cobrar

9.1. USOS Y FUNCIONALIDAD

Una vez que completaste la orden de venta y el proceso de entrega (con la salida de mercancías) es posible crear una factura para estos documentos.

Cuando generas una factura para el cliente, varias cosas suceden automáticamente en el sistema:

• Se genera un documento contable, donde normalmente se cobra la cuenta del cliente y se aumenta la cuenta de ingresos.

• En AR, el documento financiero genera un recibo abierto con el cliente, que solo se cerrará cuando se reciba el pago.

• El pedido de venta se marca como completamente facturado.

• El documento de entrega también se marca como completamente facturado.

Nota: Algunos documentos no necesitan un proceso de entrega (como las notas de crédito y débito) y pueden facturarse inmediatamente desde el pedido de venta.

Los siguientes ejemplos cubrirán el proceso de generación de la factura después de la entrega.

El proceso para crear una factura a partir de un pedido de venta es similar, pero el documento de origen de la factura será el pedido de venta en lugar de la entrega.

Funcionalidad – Crear una nueva factura (individualmente)

Creación de una nueva factura - individualmente	
Ruta de Menú	Logística> Ventas y distribución> Facturación> Documento de facturación> Crear
Transacción	VF01

Al igual que con los tipos de documentos de Pedido y entregas, las facturas se componen de encabezado y posiciones.

Para un documento individual, puedes registrar una factura de las siguientes tres formas:

• Con referencia a un pedido de venta

• Con referencia a una entrega

• Sin referencia (No es muy común).

Al crear una nueva factura, también deberás ingresar el tipo de factura que se generará.

Nota: Si dejas este campo en blanco, el sistema generará el tipo de factura predefinido para el documento de origen.

Si no hay ninguno configurado, este campo debe ingresarse manualmente o no podrás continuar.

Para la creación de la factura puedes ingresar una fecha específica, la cual se utilizará para calcular el precio y se establece como fecha de facturación.

Nota: Si dejas estos campos en blanco, el sistema tomará la fecha del día en que se registra la transacción para registrar el documento.

En el siguiente ejemplo, los servicios se prestaron en la misma manera fecha de fijación de precios. Sin embargo, imagina que los próximos 30 días se negociaron para comenzar a finales de mes.

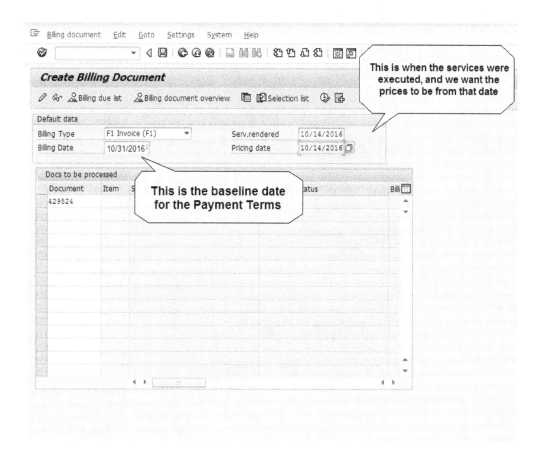

❖ En esta pantalla, selecciona el icono de entrada y continúa con la siguiente pantalla.

❖ Luego verifica que todos los datos sean correctos y guarda el documento. Si tienes varios documentos para facturar, también puedes ingresar una lista de los documentos de origen aquí (ya sea pedidos o entregas).

Al grabar la factura, se genera en automático un documento financiero (póliza contable), el cual registra en finanzas el valor del costo de ventas y la deuda del cliente.

Por definición, los documentos contables tienen un rango de números independiente al de las facturas.

En ocasiones, es necesario homologar los dos rangos de números: la factura y el documento financiero, e incluso los "formatos pre-impresos" o consecutivos para impresos (o facturas electrónicas), ya sea por razones fiscales o legales.

Si este es un requisito obligatorio, debe hacerse mediante una combinación de configuración y desarrollos ABAP.

Como mencionamos, una vez que has guardado el documento, obtendrás el número de factura y el documento contable.

☑ Document 90746677 has been saved

Si visualizas la factura, puedes ver los documentos contables generados para esta factura y las contabilizaciones correspondientes.

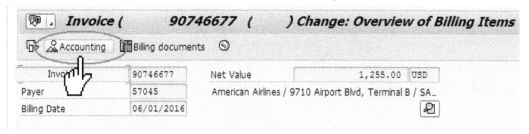

❖ Para ver el detalle de los montos y cuentas registradas, selecciona el ícono de mostrar documento. Aquí podrás ver la lista de todos los documentos relacionados generados al generar la factura.

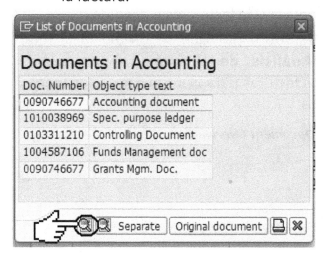

Funcionalidad – Factura separada

Creación de una nueva factura - Factura separada	
Ruta de Menú	Logística> Ventas y distribución> Facturación> Documento de facturación> Crear
Transacción	VF01

En una lista de documentos, si las facturas que se crean comparten la fecha de facturación, el cliente y otras características comunes, el sistema creará una factura consolidada con todos los artículos en la misma factura.

En algunos casos, los criterios para fusionar la factura no se cumplirán, por lo que el sistema generará varias facturas separadas.

Esto se conoce como una división de facturas.

Ya hay algunas rutinas predefinidas que pueden utilizarse para influir en los criterios para la división de facturas.

Esto se tratará con más detalle en la sección de configuración para el control de copia de las facturas.

En caso de que estas rutinas no se ajusten a tu empresa, se pueden adaptar a través de ABAP.

❖ Así es como se verá la pantalla si la factura está dividida.

❖ Si necesitas más detalles sobre por qué se dividió la factura, selecciona el botón **Análisis de división**, donde debes seleccionar al menos dos facturas para determinar cuáles fueron los criterios para dividirlas.

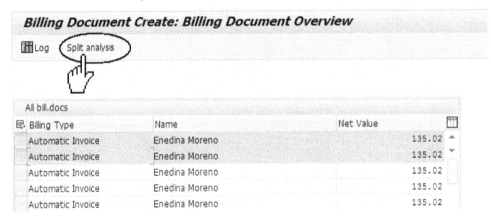

El sistema explicará por qué se dividieron las facturas.

La información en las columnas 0001, 0002 es el detalle de los datos que fueron diferentes.

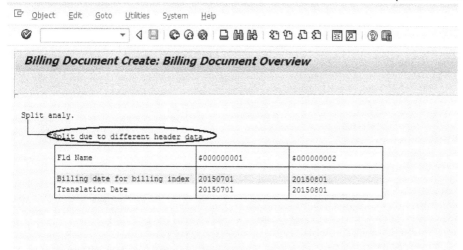

Desde aquí, solo necesitas volver a la pantalla original y guardar los documentos, y el sistema generará las facturas correspondientes.

Nota: Al guardar, solo obtendrás el último número de todas las facturas generadas, pero aún podrás identificar las facturas creadas a partir de tu lista de documentos originales utilizando la funcionalidad de flujo de documentos.

Funcionalidad – Crear una nueva factura (colectiva)

Creando una nueva factura - Colectiva	
Ruta de Menú	Logística> Ventas y distribución> Facturación> Documento de facturación> Procesar facturación Lista de vencimientos
Transacción	VF04

En caso de que tengas una gran cantidad de facturas, puedes utilizar la facturación colectiva para tener la lista de trabajo de documentos y procesarlos de manera colectiva.

❖ En la pantalla de selección, ingresa los parámetros para filtrar la lista de documentos que deseas facturar.

❖ Si dejas todos los parámetros en blanco, el sistema propondrá todos los documentos que tendrán una fecha de facturación dentro del período deseado.

❖ En la pestaña de datos predeterminados, ingresa los datos que se aplicarán como predeterminados para todas las facturas generadas colectivamente.

❖ En la pestaña de lote y actualización, ingresa la información que se usará para el procesamiento por lotes de las facturas

❖ Una vez que tengas listos los parámetros, puedes seleccionar el botón **Mostrar lista de facturas** y se creará una lista de todos los documentos pendientes de facturación.

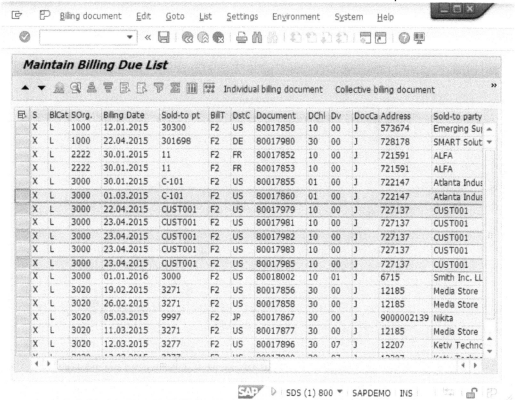

Una vez que tengas la lista seleccionada, puedes elegir procesarlos:

• individualmente

• Colectivamente (en el fondo)

   o En caso de que alguna factura se pueda fusionar, el sistema las unirá, de lo contrario se dividirán.

• Colectivamente (en línea)

9.1.1.1. Documento de facturación individual

Esta opción será similar al procesamiento de la factura (o lista de facturas) en la transacción individual VF01. Para este detalle, consulta la Sección 8.1.1 Funcionalidad - Crear una nueva factura (individualmente)

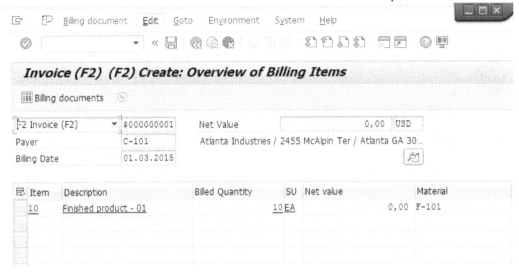

9.1.1.2. Documento de facturación colectiva (Grabado como Trabajo de Fondo)

En esta opción, el sistema procesa la factura en fondo, por lo que no te mostrará ninguna transacción o pantalla de confirmación hasta que el proceso finalice.

❖ Una vez que finaliza el proceso, puedes ver el registro de ejecución colectivo seleccionando el botón de registro.

❖ Este registro nos dará la lista de documentos generados, así como el número de errores.

❖ En caso de que necesites ver la lista de documentos, selecciona el botón **Documentos** y podrás ver el número de documento de la factura en la columna Documento.

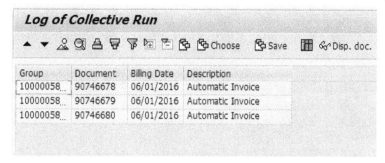

- ❖ Desde aquí, selecciona un renglón y usa el botón **Visualizar** documento para ver la factura generada (o puedes volver a la pantalla original).

En la lista de vencimiento de facturación, verás el nuevo status de las facturas.

Aquellas facturas que no se procesaron debido a un error están marcadas con una "X".

Las facturas procesadas correctamente mostrarán una marca de verificación verde.

Además de esto, si se procesaron en fondo, se mostrará la ID para la ejecución colectiva.

NOTA: El número de identificación colectiva es muy importante, ya que es utilizado en otros reportes para ver la lista de facturas generadas en esta corrida de facturación.

En caso de ser necesario, este mismo número se puede utilizar para anular todas las facturas en un solo paso de forma masiva.

Ejemplo: En un proyecto, el usuario responsable de datos maestros definió incorrectamente los nuevos productos y sus precios. Esto no fue detectado hasta que 1,500 facturas habían sido generadas automáticamente.

Con este número de ejecución colectiva, fue posible anularlas todas en un solo paso para cancelar los documentos y corregir los errores.

Funcionalidad – Modificar una factura existente

Modificar una factura existente	
Ruta de Menú	Logística> Ventas y distribución> Facturación> Documento de facturación> Modificar
Transacción	VF02

Puedes modificar una factura existente utilizando la transacción VF02.

❖ Para actualizarla, ingresa el número de documento de factura y haz clic en entrar.

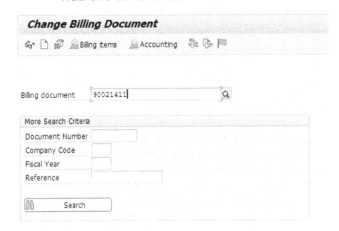

Una vez que la factura ya fue grabada, sólo se pueden editar algunos campos (marcados en amarillo).

Si deseas editar un campo no disponible, deberás cancelar la factura y generar una nueva con los datos correctos.

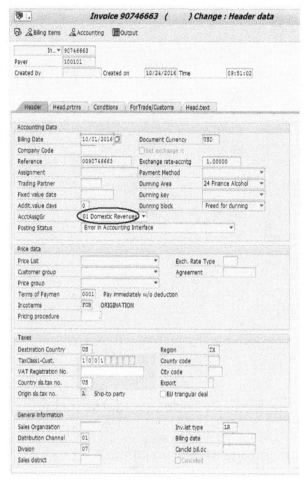

Funcionalidad – Visualizar una factura existente

Visualizar una factura existente	
Ruta de Menú	Logística> Ventas y distribución> Facturación> Documento de facturación> Visualizar
Transacción	VF03

Puedes visualizar una factura existente utilizando la transacción VF03.

268

❖ Primero, ingresa el número de factura y haz clic en entrar o selecciona el botón de marca de verificación verde para continuar.

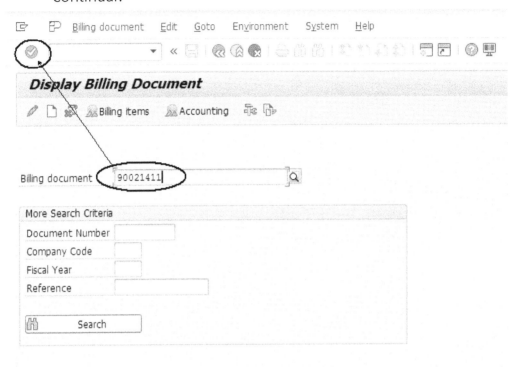

Desde aquí, verás los detalles de la factura y todos los datos incluidos en ella.

Nota: en esta transacción no podrás modificar ningún campo

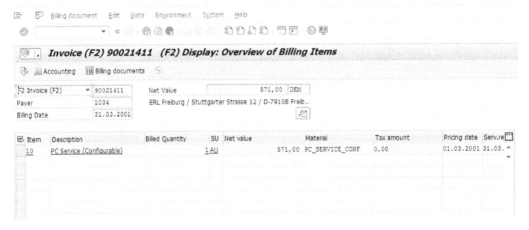

9.1.1.3. Visualización de la determinación de cuenta

En algunos casos, especialmente al inicio de un proyecto o después de la creación de nuevas cuentas o materiales, es posible que desees saber cómo se determinaron las cuentas de ingresos (para verificación, o debido a contabilizaciones incorrectas).

Una vez que se graba la factura, puedes mostrar la determinación de la cuenta de la siguiente manera.

❖ En el menú, seleccione Entorno> Acc.determ.analysis> y selecciona el tipo de cuenta deseado.

Ejemplo: para revisar la cuenta de ingresos, selecciona la opción Cuentas de ingresos

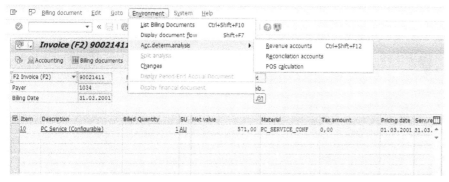

Esto te indicará la información utilizada para determinar una cuenta en particular.

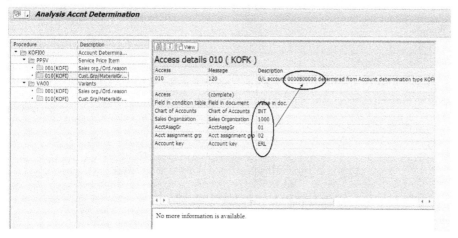

9.1.1.4. Revisión de la impresión - Formato de factura

En algunos casos, debes revisar el registro de impresión de la factura, para resolver un problema de impresión, y determinar si la factura ya se ha impreso o no.

Una vez que estés en la sección de visualización (o actualización) de la factura, puedes ver el registro del documento de impresión.

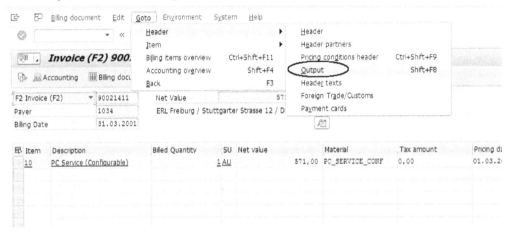

Desde aquí, puedes seleccionar el mensaje apropiado (puede haber más de uno) y ver el registro de impresión.

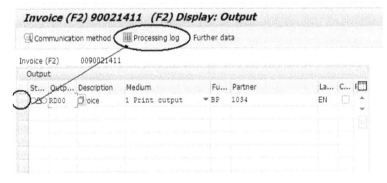

Esto te dará un registro de impresión.

Si hubo algún error, lo indicará en el registro y podrás ver cuál fue el problema.

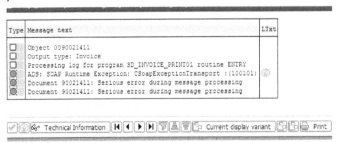

9.2. CONFIGURACIÓN

Configuración – Nuevo tipo de documento

Creación de un nuevo tipo de documento	
Ruta de Menú	SPRO> SD> Facturación> Documentos de facturación> Definir tipos de facturación> Definir tipos de facturación
Transacción	SPRO

SAP proporciona una lista de facturas de uso común, siendo las más utilizadas:

• F2 - Factura

• G2 - Nota de crédito

• L2 - Nota de débito

En caso de que necesites definir tu propia factura, puedes usar el estándar como referencia y modificarlo de acuerdo con tus necesidades.

El procedimiento para crear un nuevo tipo de documento de factura es el siguiente:

• Selecciona un documento para hacer referencia a, selecciona el icono de copia, selecciona el icono de entrada e ingresa el nuevo tipo de factura y su descripción

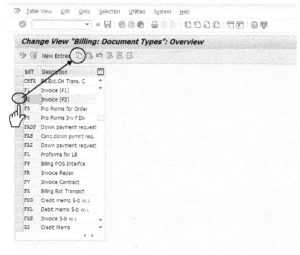

Si estás copiando la factura, recibirás el siguiente mensaje:

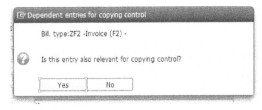

- ❖ Selecciona Sí.
- ❖ Esto copiará toda la información, incluidas las referencias de control de copia de otros documentos a la factura (ya sea pedidos de venta o documentos de entrega).
- ❖ Una vez que hayas creado la nueva entrada, modifica tus parámetros de acuerdo con lo que necesita.
- ❖ Esta es la pantalla donde se encuentran los parámetros a modificar:

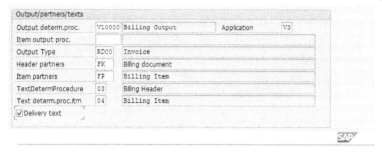

En la siguiente tabla, encontrarás los parámetros más relevantes que se usan comúnmente para adaptar una factura:

Campo	Uso
Rango de números	Rango de números que se asociará al tipo de documento de factura. **Nota:** En algunos casos, se crean diferentes rangos de números según el tipo de factura para facilitar su identificación en reportes, desarrollos, etc.
Tipo de Categoría	La categoría de documento SD Indica el tipo de operación: M - Factura N - Cancelación de factura O - Nota de crédito P - Nota de débito
Tipo de Documento	El tipo de documento de Finanzas se utiliza junto con la factura.
Tipo de facturación de cancelación	Tipo de factura que se contabilizará automáticamente cada vez que se cree una cancelación de una factura. Nota: la cancelación de una factura en SAP no elimina la factura original. El sistema marca el original como cancelado y genera una nueva factura de cancelación con las contabilizaciones inversas para finanzas.
Procedimiento de determinación de cuenta	Aquí puedes asignar el procedimiento que se utilizará para la determinación de cuenta.
Procedimiento de precios de doc	Asignar el procedimiento de precios correspondiente para calcular los precios de la factura

Procedimiento de impresión	Esto te permite determinar la impresión (formato) a generar de la factura. El tipo de salida asignado mencionado aquí es la impresión a utilizar automáticamente para la factura.

Configuración – Control de copia

Creación de un nuevo tipo de documento	
Ruta de Menú	SPRO> SD> Facturación> Documentos de facturación> Mantener control de copia para documentos de facturación
Transacción	SPRO

El control de copia de la facturación determina qué documentos se pueden copiar como origen en la factura, y de ellos, qué campos se transferirán.

También te permite ingresar validaciones antes de que se copien las posiciones y los requisitos para evitar copiar posiciones que no cumplan con los criterios de nuestra organización.

Ejemplo: supongamos que tu empresa tiene un requisito para un tipo de facturación que solo puede facturar documentos que estén relacionados con la entrega.

En este caso, configurarás en los "requisitos" una de las rutinas que valida la necesidad comercial mencionada

Dependiendo del tipo de factura que estés haciendo y del documento de referencia al que se hace referencia, elegirás:

• Documento de ventas a documentos de facturación (por ejemplo, notas de crédito, notas de débito, ventas sin entregas)

• Documento de facturación a documentos de facturación (por ejemplo: cancelación de factura)

• Documento de entrega a los documentos de facturación (por ejemplo, ventas con entregas)

Los procedimientos para las diferentes opciones son bastante similares.

Este ejemplo incluirá la opción de referencia para el control de copia entre los documentos de entrega y el documento de facturación.

En el lado izquierdo de la pantalla están las carpetas para el encabezado / posición.

A la derecha está la lista de documentos de origen (en estas columnas, primero está el destino y luego la fuente).

❖ Selecciona la combinación que deseas actualizar, si es una combinación estándar.

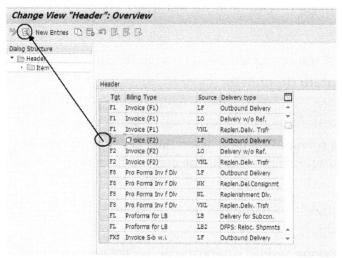

En el caso de que hayas creado nuevos tipos de documentos y no los hayas copiado del estándar, o mencionaste al copiarlos que no eran relevantes para el control de copia, deberás crear (o copiar) las combinaciones correspondientes aquí.

Para configurar los detalles del control de copia en el nivel del encabezado, deberás seleccionar la combinación deseada y hacer clic en el botón de detalles. Los parámetros incluidos en esta combinación pueden actualizarse e influirán en el comportamiento de la nueva factura en el momento de la creación.

Este es el detalle a nivel de cabecera:

Las rutinas de control de copia solo se utilizan al crear una nueva factura que se está copiando de un documento anterior.

Una vez que se crea una factura, cualquier rutina o validación incluida en la configuración no se ejecutará de nuevo.

Campo	Uso
Requisitos de copia	Esta es una rutina ABAP para determinar si el documento de origen (entrega o factura) se puede copiar a la factura. Si no se cumplen los requisitos, no se generará la factura. SAP proporciona rutinas estándar, con las validaciones más usuales, pero puedes crear nuevas rutinas en la transacción VOFM> Requisitos de copia> Documentos de facturación.
Determinar datos de exportación	Define si los datos de exportación se vuelven a determinar en el momento de la factura o si se copian del documento de entrega / ventas.
Campo de asignación	Esta información se copiará al documento financiero. Dependiendo del parámetro, será la información almacenada en el campo de asignación.

Número de referencia	Esta información se copiará en el documento financiero en automático. Dependiendo del parámetro, será la información almacenada en el campo de referencia. 1. A: orden de compra del cliente 2. B: número de orden de venta 3. C: Número de entrega 4. D: Número de entrega externa 5. E: Número de factura real
Copiar número de artículo	Si la factura copiará el número de posición del documento original. Ejemplo: La entrega (o pedido) están grabados en las posiciones: 10,20,40 (el articulo 30 se borro de la entrega). Entonces, si esta definido "copiar numero de articulo", la factura tendrá también los números 10,20, 40. Si no es asi, la factura tendrá su propia numeración: 10,20, 30. NOTA: Si estás copiando parcialmente desde la fuente o fusionando dos documentos diferentes en uno (por ejemplo, varias entregas en una factura), este parámetro no se cumple.

A nivel de posición, hay varios parámetros que también son muy importantes para influir en la funcionalidad; por ejemplo, si se vuelve a fijar el precio, o si una factura se mantendrá junta o se dividirá entre varios artículos.

Para cada una de los diferentes tipos de posición dentro de un tipo de documento, existen diferentes reglas para influir en la funcionalidad.

Los principales parámetros para hacer esto son:

Campo	Uso
Requisitos de copia	Similar al nivel de encabezado, pero a nivel de elemento, indica si la información del elemento no cumple con ciertos parámetros, el elemento no se copiará en el nuevo documento
Datos VBRK/ VBRP	Este parámetro puede determinar una división de facturas. Elije cuidadosamente entre las opciones disponibles dado que si no utilizas la opción correcta, podrías dividir el documento de origen en varias facturas (en lugar de una). **Nota:** Este podría ser un resultado deseado, pero la mayoría de las veces las facturas deben mantenerse lo más consolidadas posible. Un cliente normalmente no quiere recibir 10 facturas separadas para una misma entrega por ejemplo.

Cantidad de facturación	Esto indica la cantidad que se copiará a la factura. Normalmente es la cantidad entregada menos cualquier cosa ya facturada, pero hay excepciones como la factura ProForma, donde la cantidad es la de la orden de venta.
Positivo / Negativo	Depende de si es una factura regular, una nota de crédito o una nota de débito.
Tipo de precio	Indica si el precio se copia del pedido de venta o se vuelve a calcular en el tipo de factura. **Nota:** Si se vuelve a calcular, ten en cuenta que la factura final puede tener un precio diferente al pedido de venta original, y esto podría causar problemas para el cliente.

Configuración – 8.2.3- Determinación de cuenta

Para el usuario, al momento de grabar la factura, automáticamente vera un documento contable, el cual genera el registro de la venta y las cuentas de ingreso.

Esta funcionalidad debe configurarse para que las cuentas de ingreso se puedan determinar automáticamente.

Como mencionamos en el capítulo 5, este proceso de determinación de cuentas utiliza la técnica de condición (para cuentas de ingresos, conciliación o efectivo).

En esta sección cubriremos cómo crear datos relevantes para tus datos maestros y cómo asignar esos nuevos parámetros para determinar tus cuentas.

9.2.2.1. Parámetros para datos maestros

Determinación de cuentas para ingresos - Grupos de asignación de cuentas	
Ruta de Menú	SPRO> SD> Funciones básicas> Asignación de cuenta> Cálculo de costos> Determinación de la cuenta de ingresos> Verificar datos maestros para la asignación de cuenta
Transacción	SPRO

El grupo de asignación de cuentas es opcional, pero muy útil si tienes una estrategia de determinación de cuentas de ingresos compleja.

Ejemplo: Si tu entorno requiere una asignación de cuenta muy detallada o varía según los materiales, los clientes u otros conceptos, tendrás que desglosar los grupos de asignación de cuentas según tus necesidades.

El procedimiento para determinar el grupo de asignación para el material o el cliente es muy similar.

En este ejemplo, veremos en detalle la asignación vía material.

❖ Primero, selecciona la opción que necesitas (Materiales: Grupo de asignación de cuenta [o clientes]).

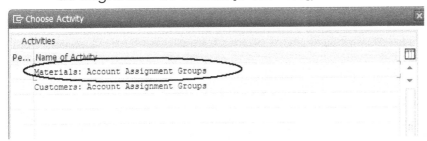

❖ Luego, selecciona el botón Nuevas entradas, ingresa la identificación del grupo de asignación de cuenta y su descripción, y guarda los cambios.

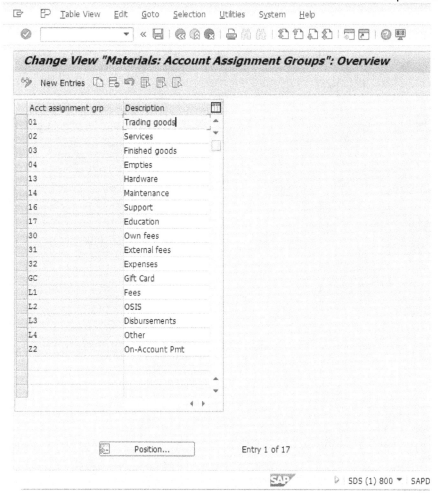

9.2.2.2. Determinación de cuenta

Determinación de cuenta para ingresos - Determinación de cuenta	
Ruta de Menú	SPRO> SD> Funciones básicas> Asignación de cuenta> Cálculo de costos> Determinación de cuentas de ingresos> Asignar cuentas de mayor
Transacción	SPRO

Una vez que los grupos de asignación de cuentas se han creado en la configuración, puedes incluirlos en los datos maestros para tus materiales y clientes.

En la configuración, también incluirás la configuración para la determinación de cuenta proporcionada por finanzas.

SAP proporciona varias combinaciones para determinar las cuentas. Las más utilizadas son las opciones "Acct Key" (005) o General (004), aunque puedes ir tan detallado como sea necesario.

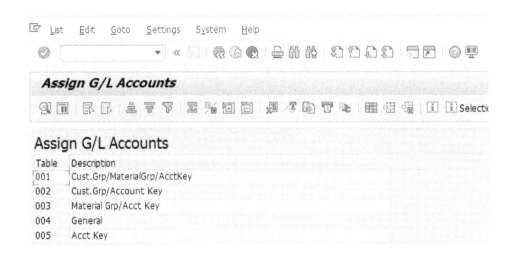

- Si tienes un número relativamente pequeño de cuentas, puedes usar la asignación más general y, por excepción, usar las claves de cuenta más detalladas.

- Ejemplo: Digamos que el 80% de tus materiales / clientes se incluirán en "Cuenta de ingresos generales". Puedes usar la opción 005 para esto, y para las excepciones, puedes usar la opción 003.

  - Para todos ellos (o según sus tablas de condiciones), normalmente tendrás:
  - Tipo de condición (normalmente KOFI o KOFK - si estás utilizando el módulo de Costos)
    - Catálogo de cuentas
    - Organización de ventas
    - Clave de cuenta

- Los más comunes son:
    - ERL - INGRESOS - para ventas regulares
    - ERS - Deducciones de ventas - para notas de crédito / descuentos
    - ERF - Carga - (en caso de que necesite separar las ventas del producto y la carga)
    - MWS - Impuestos

Todas estas combinaciones determinarán:

- Cuenta de ingresos

- Cuenta de provisión.

Nota: Esto solo se usa si configuraste una clase de condición de "provisión" en tu procedimiento de fijación de precios.

Nota: Para todas las operaciones que se registrarán en contabilidad, debes determinar al menos una cuenta financiera.

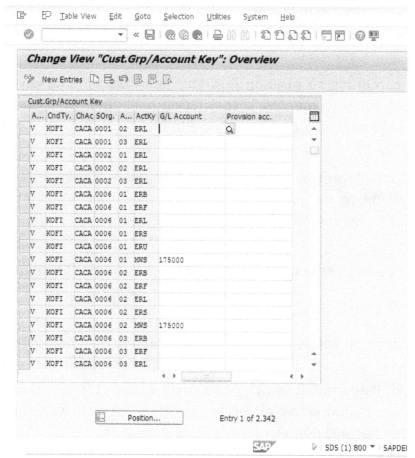

10. IMPRESIÓN DE DOCUMENTOS

10. USOS Y FUNCIONALIDAD

El uso más común para la impresión de Formatos es en el proceso de entrega y en el de facturación, donde los documentos impresos normalmente deben acompañar a las mercancías en tránsito (como la nota de entrega, remisión, la documentación de aduanas para exportaciones, etc. .).

Además, en algunos casos, imprime una copia de la factura y envía a los clientes.

En SAP, estos documentos se pueden imprimir automáticamente una vez que se guardan los documentos, o se pueden configurar para que se impriman manualmente en un proceso iniciado por el usuario.

Nota: en las grandes empresas, debido al volumen de documentos, el proceso de impresión (o generación de correos electrónicos) es un proceso que se debe ejecutar en el fondo durante la noche.

Este capítulo cubrirá en detalle cómo generar la impresión de Entregas y facturas.

El proceso de impresión masiva de documentos es muy similar para entegas y facturas.

IMPORTANTE: Al llamarlo "masiva" no significa que tengas que imprimir cientos de documentos al mismo tiempo. Puedes imprimir desde 1 documento hasta el número de ellos que necesites!

10.1.Funcionalidad – Imprimiendo Entregas

Imprimiendo entregas	
Ruta de Menú	SAP> Logística> Ventas y Distribución> Envíos y Transportes> Comunicación / Impresión> Salida de impresión.
Transacción	VL71

❖ En esta pantalla, para ingresar el tipo de salida y el modo de procesamiento.

❖ Normalmente, para la primera impresión, modo de procesamiento = 1

❖ Para reimpresiones, modo de procesamiento = 2

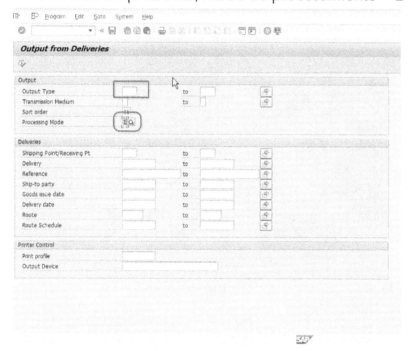

Si tienes un número de documento en particular, puedes ingresarlo directamente, de lo contrario, puedes ingresar un rango de documentos o dejarlo en blanco (esto traerá todos los documentos pendientes x imprimirse).

❖ Una vez que tienes los filtros necesarios, selecciona el icono de ejecución.

❖ Después de esto, obtendrás una lista de todos los documentos pendientes de imprimirse según tus criterios.

❖ Puedes seleccionar uno o todos los documentos y ejecutar

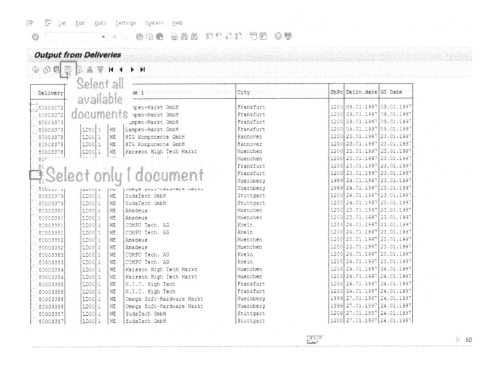

Luego, selecciona {Vista preliminar} o {Imprimir}   dependiendo de la opción deseada

Si deseas imprimir la vista previa del documento antes de enviarlo a la impresora, puedes seleccionar un documento y presionar el icono.

En el momento que selecciones imprimir, los documentos se enviaran a la impresora predefinida para los documentos.

NOTA: En la siguiente sección de funcionalidad puedes ver como modificar la impresora predefinida.

El siguiente ejemplo es el Formato impreso estándar tal como aparece la visualización de impresión antes de imprimir:

CCS Industrial
0 0 3300 Main Street
SAN DIEGO CA   92121

Delivery note

Shipping   information

Delivery note number/date	80007251 / 20.06.2000
Customer's PO number/date	dsadsfasdf
Order number/date	6363 / 20.06.2000
Customer number	3970

Conditions		Weight - Volume		
Shipping	Standard	Total weight	580	KG
Delivery	CIF Cost Insurance Freig	Net weight	520	KG
		Total volume	1,560	M3

Conditions		Weight - Volume		
Shipping	Standard	Total weight	580	KG
Delivery	CIF Cost Insurance Freig	Net weight	520	KG
		Total volume	1,560	M3

Shipping   details

Item	Material Description	Quantity	Weight	
000010	P-109	2 ST	580	KG
	Pump cast steel IDESNORM 170-230			

Si deseas cambiar los parámetros para todos los documentos seleccionados, puedes hacerlo eligiendo la siguiente opción de menú: Editar> Predeterminado de impresora

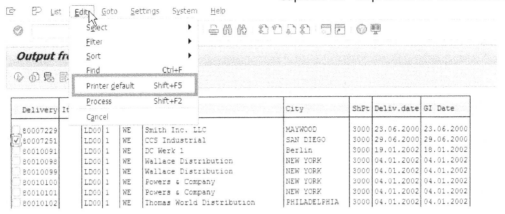

Estos parámetros se aplicarán a todos los documentos seleccionados.

Lo que necesitarás incluir aquí es:

Campo	Uso
Impresora	Nombre del dispositivo de salida de la impresora.
Imprimir ahora	Confirma si normalmente deseas imprimir inmediatamente.
Borrar después de impresión	Si deseas borrar el log (registro) generado para la impresión.

Funcionalidad –Impresión manual de facturas

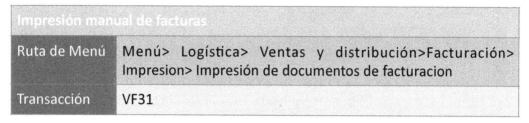

Impresión manual de facturas	
Ruta de Menú	Menú> Logística> Ventas y distribución>Facturación> Impresion> Impresión de documentos de facturacion
Transacción	VF31

En esta transacción podras lanzar el proceso de impresión para las facturas.

Tambien podras re/imprimir una factura si asi lo necesitas.

Primero, ingresa los parámetros deseados y, si es posible, ingresa los Numeros de documentos pendientes de imprimir para acelerar el proceso.

Nota: Si ejecutas sin especificar ningún documento, el sistema traerá todas las facturas pendientes para imprimir, lo que puede ser muy tardado dependiendo del numero de documentos pendientes.

Si necesitas volver a imprimir un documento ya procesado, selecciona la opción "2 - Repetir procesamiento".

• Después de ingresar los parámetros, seleccione el icono de ejecución.

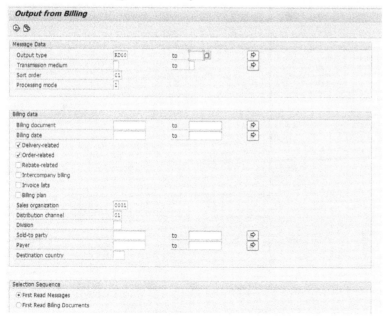

Aquí obtendrás la lista de resultados de los documentos y tienes dos opciones para los documentos:

❖ Imprimir el documento (o envíelo a cualquier medio de comunicación definido).

❖ Visualizar el documento - Selecciona el documento que quieras visualizar y usa el botón de vista previa de impresión

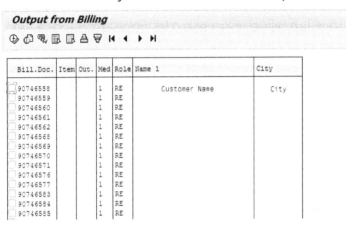

Este es un ejemplo de una factura internacional, también proporcionada en el estándar SAP (declaración de exportación del remitente).

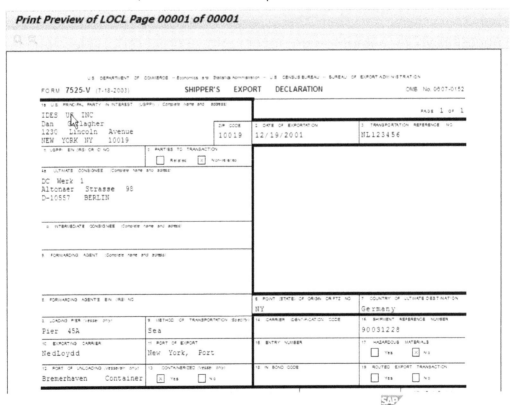

CONFIGURACIÓN

La Funcionalidad para determinar un formulario impreso de factura o albarán de entrega sigue la técnica de condición mencionada en capítulos anteriores.

Aquí se cubrirá la Funcionalidad más común de crear un nuevo tipo de salida para una entrega y una factura e incluirlas en la determinación del procedimiento de impresion.

SAP proporciona los formatos estándar para de las facturas para tu Uso. Normalmente, se recomienda que copie los documento estándar y los modifiques /adaptes a tus necesidades.

Los documentos más comunes para facturas son:
• RD00 - Factura
• FUCO - Certificado de origen - EE. UU.
• FUCI - Factura comercial
• FUEP - Lista de embalaje de exportación
• FUPI - Factura Pro Forma EE. UU.

Este es el esquema que vamos a seguir para establecer la configuración de impresión, tanto para entregas como facturas:
  • Determinar impresora.
  • Crear un nuevo formato de impresión.
  • Asignar el nuevo formato en el procedimiento de impresión.
  • Determinar el procedimiento de impresión

ENTREGAS

Configuración – Determinación de impresoras para documentos de entrega

Crear determinación de salida para entregas	
Ruta de Menú	SAP> Logística> Ejecucion logistica> Datos maestros> Salida> Embarques> Entregas de salida > Crear
Transacción	VV21

A fin de que el sistema determine en automático la impresora para la entrega, es necesario realizar la relación entre el tipo de entrega y la impresora pre-determinada.

Esta información se considera datos maestros y no Configuración, ya que las impresoras pueden cambiar con bastante frecuencia.

Este proceso sigue la misma lógica que la determinación de precios, donde necesitarás una condición de salida para determinar el tipo de documento a imprimir (cada uno de los diferentes formatos normalmente tendrá una condición de salida particular).

Para esta Transacción, ingresa el tipo de formato para la entrega y selecciona el icono de **Combinación Maestra**.

Ejemplo: LD00 (formulario de entrega SAP estándar).

- ❖ Aparecerá la pantalla para seleccionar las combinaciones de datos.
- ❖ Selecciona la opción adecuada.
  - ○ Para este Ejemplo, ingrese la determinación de la impresora para la combinación de organización de ventas / tipo de entrega.

Nota: Nota: en este caso, tendrás la misma impresora para toda la organización de ventas y el tipo de entrega.

Esta impresora será la impresora predeterminada por el Usuario y esto funciona si una persona en particular siempre genera el documento.

Por otra parte, no será la mejor opción si los documentos se generan en un proceso nocturno.

Si estás imprimiendo en un proceso calendarizado, entonces te recomiendo determinar una impresora en particular donde se imprimirán los documentos

- ❖ Una vez que sepas la combinación de datos correcta, selecciona el icono de ingreso y aparecerá la pantalla para ingresar los diferentes registros de condición para la combinación.

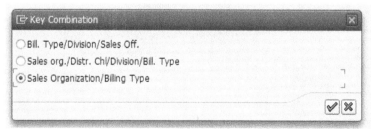

Según el tipo de condición y sus parámetros, deberás ingresar la información correcta.

Para este Ejemplo particular, se eligió la organización de ventas / tipo de entrega.

- Entonces, para cada tipo de documento que usará el formato deseado, captura una línea independiente (llamada registro de condición) que te va a indicar:

- Tipo de socio de negocio default.

- • Medio de impresión: normalmente 1 (para impresión).

- • Ejemplo: 5 - Enviar por correo

- • Tiempo: este parámetro es muy importante. Determinará el momento en que se imprimirá la entrega

- • 1 - Con un programa: las entregas no se imprimirán hasta que se ejecute un programa planeado (job).

- • 2 - Con un tiempo programado: las entregas se imprimirán a una hora establecida.

- **Ejemplo:** Algunas compañías ejecutan su impresión de entrega solo a medianoche.

- • 3 - Con Transacción propia: las entregas solo se imprimirán cuando el usuario ejecute manualmente la transacción de impresión.

- • 4 – Inmediatamente: las entregas se imprimirán tan pronto como se cumplan todas las condiciones para imprimirse.

- • Idioma

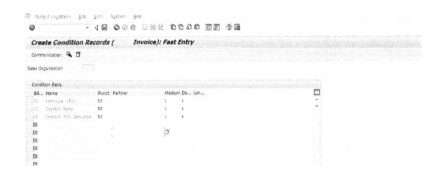

- ❖ Después de ingresar toda la información, selecciona el icono de guardar para que los cambios se almacenen en la base de datos

Configuración – Crear un nuevo tipo de formato para documentos de entrega

Crear un nuevo tipo de formato para documentos de entrega	
Ruta de Menú	SPRO> Logistics Execution> Funciones básicas> Control de salida> Determinación de salida> Determinación de salida usando la técnica de condición> Mantener tipos de salida para Salidas de entrega > Mantener tipo de formato
Transacción	V/34

• Primero, copie su documento de referencia:

• Ingrese la nueva ID de salida, así como su descripción y los parámetros adicionales relevantes para esta Configuración:

Los principales parámetros para hacer esto son:

Campo	Uso
Secuencia de acceso	Cómo buscará el sistema las condiciones declaradas para el tipo de salida generado
Accesar las condiciones	Si el sistema buscará condiciones declaradas para la salida o las tomará del registro maestro de clientes.
Multiple Issuing	Si está activado, podrá enviar el mismo documento varias veces. **Nota:** si necesitas una "reimpresión" del documento, podrá hacerlo manualmente, pero esto es para evitar enviarlo repetidamente por accidente.

Configuración – Mantener procedimiento de impresión para entrega

Mantener procedimiento de impresión para entrega	
Ruta de Menú	SPRO> ejecución logística> embarques > Funciones básicas de embarque > Control de impresión> Determinación de impresora> Determinación de impresora usando la técnica de condición> Mantener determinación de impresión para documentos de entrega de salida > Mantener procedimiento de determinación de impresión >
Transacción	SPRO

El procedimiento de determinación de salida determinará todos los documentos posibles a imprimir para una entrega

• Una vez que definiste los tipos de salida, inclúyelos en el procedimiento de determinación de salida.

Para hacer esto, haz doble clic en el procedimiento preferido o selecciónelo y use el botón de detalles:

Dentro de los datos de control encontrarás los diferentes tipos de salida, y estos deben incluir el formato recién creado en el paso anterior.

Nota: El paso donde se agregará la salida es muy importante, ya que determinará el momento en que se encontrará el tiempo de salida.

• Una vez que incluiste el tipo de salida, guarda los cambios para que se almacenen en la base de datos.

Configuración – Determinación del procedimiento de impresión para entregas

Determinación del procedimiento de impresión para entregas	
Ruta de Menú	SPRO> ejecución logística > embarques > Funciones básicas de embarque > Control de impresión> Determinación de impresora> Determinación de impresora usando la técnica de condición> Mantener determinación de impresión para documentos de entrega de salida > Asignar procedimiento de impresión
Transacción	V/71

Una vez que tengas el procedimiento de salida y el tipo de salida de los pasos anteriores, puedes asignar la salida correspondiente a cada uno de los tipos de documentos de entrega.

Nota: En esta pantalla, podrás asignar los procedimientos a un tipo de entrega existente y agregar nuevas líneas en esta pantalla.

Si por alguna razón tu tipo de documento de entrega no aparece en la lista, debes volver a la definición de tu entrega y revisarla.

FACTURAS

CONFIGURACIÓN – Determinación de impresoras para facturas

Determinación de impresoras para facturas	
Ruta de Menú	Menú> Logística> Ventas y distribución> Datos maestros> Salida> Documento de facturación > Crear
Transacción	VV31

Para que las impresoras se determinen automáticamente en las facturas (en lugar de que los usuarios las escriban cada vez), la ruta de impresión debe haber sido definida.

Esta información se considera datos maestros y no Configuración, ya que las impresoras pueden cambiar con bastante frecuencia. Sin embargo, la estamos manejando en la sección de configuración ya que rara vez los usuarios de operación tienen acceso a esta transacción y es el área de Sistemas o soporte quien realiza esta determinación de impresoras.

.

En esta Transacción, ingrese el tipo de salida para la factura y luego selecciona el icono de ingreso.

Ejemplo: RD00 (formulario de factura estándar de SAP).

Obtendrás la pantalla para seleccionar las combinaciones de teclas, por lo que debe seleccionar la opción adecuada.

En este Ejemplo, ingresarás la determinación de la impresora para la combinación de organización de ventas / tipo de facturación

Nota: en este caso, tendrás la misma impresora para toda la organización de ventas y el tipo de facturación.

Esta impresora será la impresora predeterminada por el usuario.

Esto funciona si un Usuario en particular está generando el documento, pero no será la mejor opción si los documentos se generan en un proceso de fondo.

Si estás imprimiendo en fondo, te recomiendo determinar una impresora en particular desde donde se imprimirán los documentos.

• Una vez que sepas la combinación de teclas correcta, seleccione el icono de ingreso y la pantalla ingresará los diferentes registros de condición para la combinación.

Según el tipo de condición y sus parámetros, deberás ingresar la información correcta.

Este ejemplo utiliza: tipo de organización de ventas / factura

Nota: Si necesitas tener una impresora diferente para un cliente / división en particular, también puedes crear un registro adicional para esa excepción.

Para cada tipo de documento que usará el formato deseado, debes ingresar una línea independiente (llamada registro de condición) que indique:
• Tipo de socio de negocio default.
• Medio de impresión: normalmente 1 (para impresión), pero puede variar.
    • Ejemplo: 5 - Enviar por correo
• Tiempo: este parámetro es muy importante. Determinará el momento en que se imprimirá la factura.
    • 1 - Con un trabajo: las facturas no se imprimirán hasta que se ejecute un trabajo en particular.
    • 2 - Con un tiempo programado: las facturas se imprimirán a una hora establecida.
    ? Ejemplo: Algunas empresas ejecutan su impresión de facturas solo a medianoche.
    • 3 - Con la aplicación Transacción propia: las facturas solo se imprimirán cuando el usuario ejecute manualmente la transacción de impresión.
    • 4 - Inmediatamente: las facturas se imprimirán tan pronto como se cumplan todas las condiciones para imprimirse.

• Language
    • **Ejemplo**: Ejemplo: las facturas se definieron en español, pero para algunos clientes es necesario imprimirlas en inglés.

- Normalmente, si no especifica un idioma, SAP imprime los documentos en el idioma preferido del usuario.

❖ Para definir la impresora y otros parámetros, selecciona el botón Comunicación e ingresa la impresora, el número de mensajes y los parámetros sobre cómo debe comportarse la impresión (imprimir inmediatamente, soltar después de la salida, etc.).

❖ Después de haber ingresado toda la información, seleccione el icono de guardar para que los cambios se almacenen en la base de datos

Configuración – Crear un nuevo tipo de formato para facturas

Crear un nuevo tipo de formato para facturas	
Ruta de Menú	SPRO > Ventas y distribución > Control de impresión > Determinación de impresoras > Determinación de impresoras usando la técnica de condición > Mantener determinación de impresoras para Facturas > Mantener tipos de impresión
Transacción	V/40

Los tipos de salida para las facturas son los formatos particulares que una empresa necesita para acompañar sus necesidades de facturación.

Ejemplo: Una factura en forma general, una lista de facturas, etc.

SAP proporciona varios formatos de impresión que pueden cubrir los requisitos mínimos.

Normalmente, al menos el logotipo de la empresa deberá ser reemplazado, lo cual es hecho por los programadores de ABAP.

Los tipos de salida más comunes para las facturas son:
- RD00 - Factura
- LR00 - Lista de facturas

Si necesitas modificar el formato original, lo mas recomendado es hacer una copia del tipo de salida estándar y el formato de impresión:

301

Esto es porque las rutinas de procesamiento contienen toda la lógica y el formato para imprimir la factura.

En este caso, cualquier modificación o nuevos cálculos que quieras agregar debe ser realizada por el equipo de ABAP.

En caso de que copies el formato estándar y crees un nuevo programa / o formulario inteligente, este será el lugar donde cambiarás el nombre de los programas o formatos.

❖ Para las funciones asociadas, incluye el medio y la función asociada para ser usada:

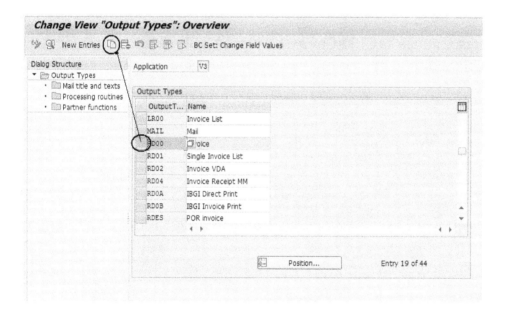

❖ Incluye la nueva identificación del formato, así como su descripción y los parámetros relevantes:

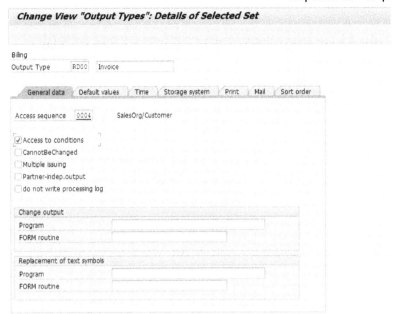

En este caso, indica también el momento en que se va a ejecutar por default y el medio de impresión (Impresión, fax, email, etc.)

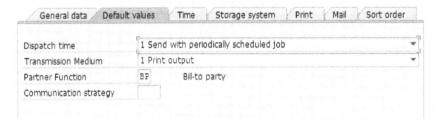

Los textos aquí incluidos aparecerán impresos en los formatos en forma estándar

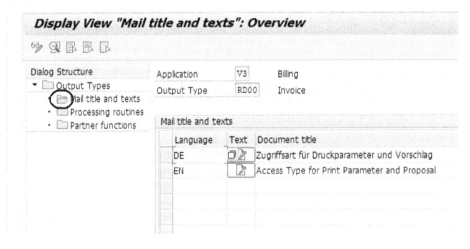

Esto es porque las rutinas de procesamiento contienen toda la lógica y el formato para imprimir la factura.

En este caso, cualquier modificación o nuevos cálculos que quieras agregar debe ser realizada por el equipo de ABAP.

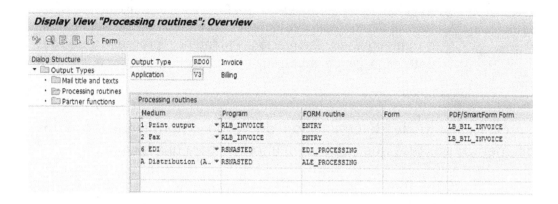

❖ Para las funciones asociadas, incluye el medio y la función asociada para ser usada:

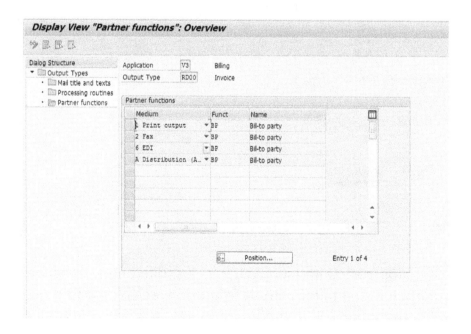

❖ • Después de ingresar todos los datos, guarda los cambios.

Configuración – Mantener procedimiento de determinación de salida para facturas

Crear determinación de salida para documentos de factura	
Ruta de Menú	SPRO> SD> Funciones básicas> Control de salida> Determinación de salida> Determinación de salida usando la técnica de condición> Mantener determinación de salida para documentos de facturación> Mantener procedimiento de determinación de impresión
Transacción	SPRO

El procedimiento de determinación de salida determinará todos los documentos posibles que se pueden imprimir para una factura.

Una vez que se han definido los tipos de salida, inclúyelos en el procedimiento de determinación de salida.

• Para hacer esto, haz doble clic en el procedimiento preferido o selecciónelo y use el botón de detalles:

Dentro de los datos de control encontrarás los diferentes tipos de salida, y estos deben incluir tu formato de impresión recién creado.

Nota: El paso donde se agregará el formato es muy importante, ya que determinará el momento en que se encontrará el tiempo de salida.

❖ Una vez que incluiste el tipo de salida, guarda los cambios.

Configuración – Determinación del procedimiento de salida para facturas

Determinación del procedimiento de salida para facturas	
Ruta de Menú	SPRO> SD> Funciones básicas> Control de salida> Determinación de salida> Determinación de salida usando la técnica de condición> Mantener determinación de salida para documentos de facturación> Asignar procedimiento de determinación de impresión
Transacción	V/25

El procedimiento de determinación de salida determinará todos los documentos posibles que se pueden imprimir para una factura.

• Una vez que se han definido los tipos de salida, inclúyelos en el procedimiento de determinación de salida.

Para hacer esto, haz doble clic en el procedimiento preferido o selecciónelo y use el botón de detalles:

Al final guarda tus cambios

11. DEVOLUCIONES

Usos y Funcionalidad

En el proceso de ventas, es común tener devoluciones del cliente o la necesidad de cancelar un documento debido a datos incorrectos (precios, cantidades, etc.), por lo que debe haber una forma para cancelar las transacciones.

En SAP, no es recomendado (o incluso posible) borrar los documentos originales, y todas las devoluciones, cancelaciones y la mayoría de las correcciones requieren un nuevo conjunto de documentos para cancelar / revertir el proceso.

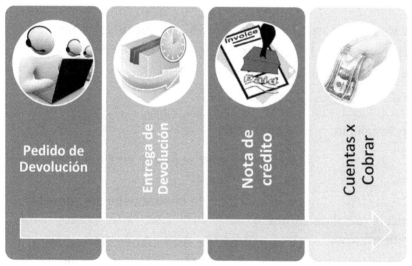

En este caso, si se siguió un proceso en particular para un pedido de venta normal, el proceso de devolución es similar, pero en sentido inverso.

Como podemos ver a continuación, el proceso de devolución es similar a un pedido de venta normal; sin embargo, se aplican diferentes tipos de documentos.

Operación	Tipo de Documento Ventas	Tipo de Documento Devoluciones
Pedido	OR – orden Normal	RE – Solicitud de devolución
Entrega	DL – Entrega	LR – Entrega de devolución
Inventario	Tipo movimiento: 601 Esto reduce el inventario	Tipo de Movimiento: 602 Esto incrementa el inventario.
Factura	RE – Factura	CR – Nota de Credito

Funcionalidad – transacciones de uso común para cancelaciones

Esta sección discutirá las transacciones comunes utilizadas para las cancelaciones.

Nota: Estas transacciones están bloqueadas en algunas compañías debido a fines de seguridad / auditoría, y se debe seguir el proceso completo de devoluciones mencionado.

Transacción	Funcionalidad	Comentarios
VL09	Cancela la salida de mercancías	Esta opción solo se puede elegir si la entrega no se ha facturado. De lo contrario, la factura debe ser cancelada primero. La ejecución de esta transacción volverá a abrir el documento de entrega y permitirá cambiar cantidades, lotes o incluso eliminar el documento de entrega.

VF11	Cancela factura	Esta opción cancelará la factura original marcando la factura original como cancelada y creando un nuevo documento con la contabilización inversa. La factura original se mantiene en el sistema, solo con un estado de "Cancelado" y aún se mostrará en el flujo de documentos e informes. **Nota:** Esto volverá a abrir el documento de entrega y permitirá nuevos movimientos, como cancelar la salida de mercancías.

Las transacciones de entrega SD (como salidas de mercancías, devoluciones, etc.) generan movimientos de material MM automáticos.

Estos movimientos solo se pueden revertir a través de transacciones SD, ya que no es posible revertirlos directamente en MM.

12. REPORTES

Hay varios reportes estándar que te permitirán obtener información de SAP.

Para facilitar su uso, muchos de estos reportes se pueden descargar en una hoja de cálculo.

Funcionalidad – Lista de reportes comunes

La lista de los reportes más utilizados se incluye aquí:

Reportes de pedidos de ventas		
Transacción	Funcionalidad	Comentarios
VA05	Lista de pedidos de venta	Esta opción es la versión anterior con menos parámetros de búsqueda. Una ventaja de esta transacción es que tiene la funcionalidad de actualización MASS para cambiar el precio, cambiar las plantas y cambiar el material o una nueva moneda.
VA05N	Lista de pedidos de venta	Esta es la versión más reciente y tiene parámetros adicionales para la búsqueda.
VA06	monitor de pedidos de venta	

V.02	Lista de pedidos incompletos	Proporciona una lista de pedidos de ventas incompletos (que vienen del Log de Datos incompleto). **Nota:** Si el pedido está completo (se han ingresado todos los datos requeridos), no aparecerá en este reporte, incluso si no se ha enviado o facturado.
VA14L	Lista de pedidos de ventas bloqueados para entrega	
V23	Lista de documentos de facturación bloqueados para facturación	
SDD1	Lista de pedidos de venta duplicados	Solo se consideran ordenes con el mismo Cliente / valor neto / materiales.

Reportes de entrega de documentos		
Transacción	**Funcionalidad**	**Comentarios**
VL06O	Monitor de entrega saliente	Este es un reporte completo para las entregas. Puede llevarte a la lista actual de entregas ya creadas (Lista de entregas de salida), a todas las entregas que se crearán o las que tienen un paso particular pendiente **Ejemplo:** lista de todas las entregas con una emisión de Mercancías pendientes)

V_UC	Lista de documentos de entrega incompletos	Incompleta debido al registro incompleto.
V_SA	Registro de procesamiento colectivo	

Reportes para documentos de facturación

Transacción	Funcionalidad	Commentarios
VF05N	Lista de documentos de facturación	Esta opción es la versión más reciente con parámetros de filtro adicionales.
VF05	Lista de documentos de facturación	
V.02	Lista de documentos de facturación incompletos	Incompleta debido al registro incompleto.
VFX3	Lista de documentos que no se pasaron a la contabilidad	Este reporte muestra una lista y permite que los documentos se pasen a contabilidad (una vez que el error por el cual no hubieran pasado en un principio ha sido corregido).

Otros reportes

Transacción	Funcionalidad	Comentarios
MMBE	Resumen de Stock	Resumen de Stock para un material.
MB52	Stock de almacén	Reportes para los materiales en el almacén.
MB51	Lista de documentos de material	Para mostrar una lista de movimientos de inventario durante un período de tiempo.

MB5T	Stock en tránsito	Utilizado con movimientos intercompañía.
MD04	Requisitos de stock	Útil para determinar si algunos artículos no han sido confirmados.
MB5B	Stock para fecha de contabilización	Para determinar el stock disponible en una fecha determinada, teniendo en cuenta las salidas de mercancías y la entrada de mercancías.

El ejemplo que se muestra aquí es para la lista de pedidos de ventas. Para cada línea en la pantalla de parámetros de selección, habrá opciones para ingresar un rango o valores individuales.

Si dejas todos los parámetros en blanco, entonces el sistema no aplicará ningún criterio de filtro y traerá toda la información disponible, por lo que el reporte puede durar mucho tiempo (o incluso fallar debido a un tiempo de espera).

En este caso, es mejor ejecutar el reporte como proceso de fondo, donde se puede ejecutar durante un período de tiempo más largo.

Funcionalidad – Reporte Ejemplo

12.1.1.1.Pantalla de selección

Button	Function	Button	Function
🗗	Variante	⇨	Parametros adicionales
⊕	El reporte solo se ejecutará hasta que se seleccione esta opción.		

Variante: Esta opción te permite grabar todos los filtros y parámetros para ejecutar el reporte, de tal forma que no tengas que volverlos a capturar.

12.1.1.2. Ejemplo: Pantalla de ejecución

Una vez que se haya ejecutado el reporte, puedes obtener la información relevante (según los parámetros ingresados).

SD Doc.	TrG	Description	SaTy	Description	Sold-to pt	Created on	Doc. Date	Pur. order	Funct	Respons.	Created	SOrg.	DChl	Dv	SOff.	SGrp	Curr.
429863	0	Sales order		Normal Sale	11252	06/09/2016	06/09/2016						01	33	3301		USD
429864	0	Sales order		Normal Sale	14357	06/09/2016	06/09/2016						01	33	3301		USD
429865	0	Sales order		Normal Sale	14668	06/09/2016	06/09/2016						01	33	3301		USD
429866	0	Sales order		Normal Sale	15579	06/09/2016	06/09/2016						01	33	3301		USD
429867	0	Sales order		Normal Sale	17786	06/09/2016	06/09/2016						01	33	3301		USD
429868	0	Sales order		Normal Sale	19254	06/09/2016	06/09/2016						01	33	3301		USD
429869	0	Sales order		Normal Sale	19335	06/09/2016	06/09/2016						01	33	3301		USD
429870	0	Sales order		Normal Sale	32677	06/09/2016	06/09/2016						01	33	3301		USD
429871	0	Sales order		Normal Sale	32724	06/09/2016	06/09/2016						01	33	3301		USD
429872	0	Sales order		Normal Sale	32781	06/09/2016	06/09/2016						01	33	3301		USD
429873	0	Sales order		Normal Sale	33152	06/09/2016	06/09/2016						01	33	3301		USD
429874	0	Sales order		Normal Sale	42470	06/09/2016	06/09/2016						01	33	3301		USD
429875	0	Sales order		Normal Sale	45750	06/09/2016	06/09/2016						01	33	3301		USD
429876	0	Sales order		Normal Sale	46605	06/09/2016	06/09/2016						01	33	3301		USD
429877	0	Sales order		Normal Sale	4888	06/09/2016	06/09/2016						01	33	3301		USD
429878	0	Sales order		Normal Sale	49846	06/09/2016	06/09/2016						01	33	3301		USD

En algunos casos, la funcionalidad para hacer una liga al documento original está disponible, ya sea haciendo doble clic en el reporte o seleccionando la línea y eligiendo mostrar o editar. Entonces podrás ver el documento original.

La mayoría de los reportes en SAP tienen una funcionalidad similar, por lo que aquí se incluyen los botones más utilizados y su uso:

Botón	Función	Botón	Función
	Mostrar todas las columnas disponibles para la línea seleccionada		Muestra el documento seleccionado. **Ejemplo:** en una lista de pedidos de venta, nos llevará a VA03 - Mostrar pedido de venta

(icono lápiz)	Modificar el documento seleccionado. Ejemplo: en una lista de órdenes de venta, nos llevará a VA02 - Actualizar la información de la orden de venta en el reporte por la columna seleccionada (en orden ascendente)	*(icono)*	Ordena la información en el reporte por la columna seleccionada (en orden ascendente)
(icono filtro)	Ordena la información en el reporte por la columna seleccionada (en orden descendente)	*(icono filtro)*	Filtra la información en el reporte según los criterios deseados. Nota: este es un filtro que se aplica a los datos que se muestran en el reporte
Σ	Sumarizar información sobre el reporte. En algunos casos, se permiten subtotales	*(icono)*	Vista previa de impresión
(icono)	Descargar un reporte a un archivo	*(icono)*	Enviar reporte por correo electrónico

Funcionalidad - Descargar un reporte a archivo

Dado el requisito común de descargar un reporte en un archivo, esto se describirá con más detalle en esta sección:

• Primero, selecciona el icono para descargar el reporte a un archivo:

List of Sales Orders

SD Doc.	TrG	Description	SaTy	Description	Sold-to pt	Created on	Doc. Date	Pur. ord
429863	0	Sales order		Normal Sale	11252	06/09/2016	06/09/2016	
429864	0	Sales order		Normal Sale	14357	06/09/2016	06/09/2016	
429865	0	Sales order		Normal Sale	14668	06/09/2016	06/09/2016	
429866	0	Sales order		Normal Sale	15579	06/09/2016	06/09/2016	
429867	0	Sales order		Normal Sale	17786	06/09/2016	06/09/2016	
429868	0	Sales order		Normal Sale	19254	06/09/2016	06/09/2016	
429869	0	Sales order		Normal Sale	19335	06/09/2016	06/09/2016	
429870	0	Sales order		Normal Sale	32677	06/09/2016	06/09/2016	

- A continuación, obtendrás una ventana para el tipo de descarga requerida. Las opciones recomendadas son:
  - o Texto con pestañas (para abrir en una hoja de cálculo)
  - o En el portapapeles (para menor cantidad de datos)

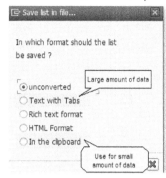

❖ Después de seleccionar la opción deseada, selecciona el botón Generar. Esto nos proporcionará una pantalla para indicar la ruta y el nombre del archivo

❖ Selecciona el botón para ver la ventana estándar para seleccionar el directorio o elige un nombre de archivo

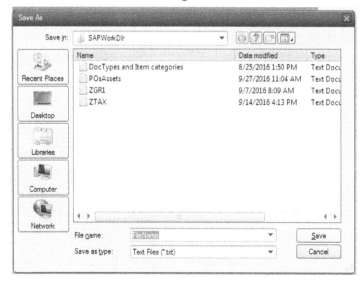

13. RESUMEN

¡Felicidades! Has cubierto la funcionalidad principal del módulo de ventas y distribución. Una vez completado, debes poder configurar la estructura organizacional, crear datos maestros básicos y generar los documentos necesarios para el proceso de surtido del pedido (pedido de cliente, entrega, factura).

Como se mencionó al inicio, este módulo se integra con muchas otras áreas (administración de materiales, finanzas) y, aunque hay muchos otros temas que aprender, esto te dará las bases para desarrollar sus habilidades y ampliar tu conocimiento del módulo de Ventas y Distribución.

Ten en cuenta que el contenido cubierto aquí es un punto de partida y probablemente no será suficiente para cubrir un examen de certificación.

Sin embargo, los temas que aprendiste aquí te ayudarán a comprender el material cubierto en la Academia SAP, y puedes esforzarte con confianza para obtener tu certificación de capacitación.

¡Que el espíritu de SAP te acompañe en esta nueva aventura!

14. APÉNDICE

14.1. LENGUAJES SOPORTADOS POR SAP

Afrikaans**	AF
Arabic**	AR
Bulgarian	BG
Catalan	CA
Chinese	ZH
Chinese traditional	ZF
Croatian	HR
Czech	CS
Danish	DA
Dutch	NL
English	EN
Estonian**	ET
Finnish	FI
French	FR
Slovakian	SK
Slovene	SL
Spanish	ES
Swedish	SV
Thai	TH
Turkish	TR
Ukrainian**	UK

German	DE

Greek	EL
Hebrew**	HE
Hungarian	HU
Icelandic	IS
Indonesian**	ID
Polish	PL
Portuguese	PT
Reserved- cuts†	Z1
Romanian	RO
Russian	RU
Serbian	SR
Serbo-Croatian	SH

Italian	IT
Japanese	JA
Korean	KO
Latvian**	LV
Lithuanian**	LT
Malay**	MS
Norwegian	NO

** Estos idiomas solo son parcialmente compatibles.

14.2. TRANSACCIONES DE USO COMÚN

Esta lista incluye un resumen de las transacciones discutidas a lo largo del libro, así como algunas transacciones de uso común que no se discuten directamente, pero que vale la pena conocer.

Transacción	Uso	Comentario
Sales		
VA01	Create orden ventas	
VA02	Cambiar orden ventas	
VA03	Visualizar orden de venta	
VA05	Lista de orden de ventas	
VA05N	Lista de orden de ventas	
VA06	Monitor de Orden de venta	
V.02	Lista de ordenes incompletas	
VA14L	Lista de pedidos de ventas bloqueados para entrega	
V23	Lista de documentos de facturación bloqueados para facturación	
SDD1	Lista de pedidos duplicados	
Entregas		
VL01N	Crear entrega	
VL02N	Cambiar entrega	
VL03N	Visualizar entrega	
VL09	Cancelar la salida de mercancías.	
VL06O	monitor de entrega saliente	
V_UC	Lista de documentos de entrega incompletos	
V_SA	Registro de procesamiento colectivo	

322

Transacción	Uso	Comments
Invoice		
VF01	Crear factura	
VF02	Modificar factura	
VF03	Visualizar factura	
VF11	Cancelar factura	
VF05N	Lista de documento de facturación	
VF05	Lista de documento de facturación (nueva versión)	
V.02	Lista de documentos de facturación incompletos	
VFX3	Lista de documentos no pasados a la contabilida	
Cuentas por cobrar		
XD01	Crear cliente	
XD02	Cambiar cliente	
XD03	Display cliente	
FB70	Ingresar factura financiera	
F-28	Ingresar pagos entrantes	
FB02	Modificar documento financiero	
FB03	Visualizar documento financiero	
FB5LN	Mostrar saldos de clientes	
VKM1	Liberación de documentos de ventas bloqueados debido a la gestión de crédito	
Manejo de materiales		
MMPV	Cerrar período (y abrir el siguiente período)	
MM60	Lista de materiales	
MMBE	Resumen de MMBE Stock	

MB52	Stock en almacén	
MB51	Lista de documentos de material	
MB5T	Stock en tránsito	
MD04	requisitos de stock	
MB5B	Stock para fecha de contabilización	

PROGRAMA ESTÁNDAR PARA CARGA DE MAESTRO DE MATERIALES

SE38 – Programa - RMDATIND

NOTAS